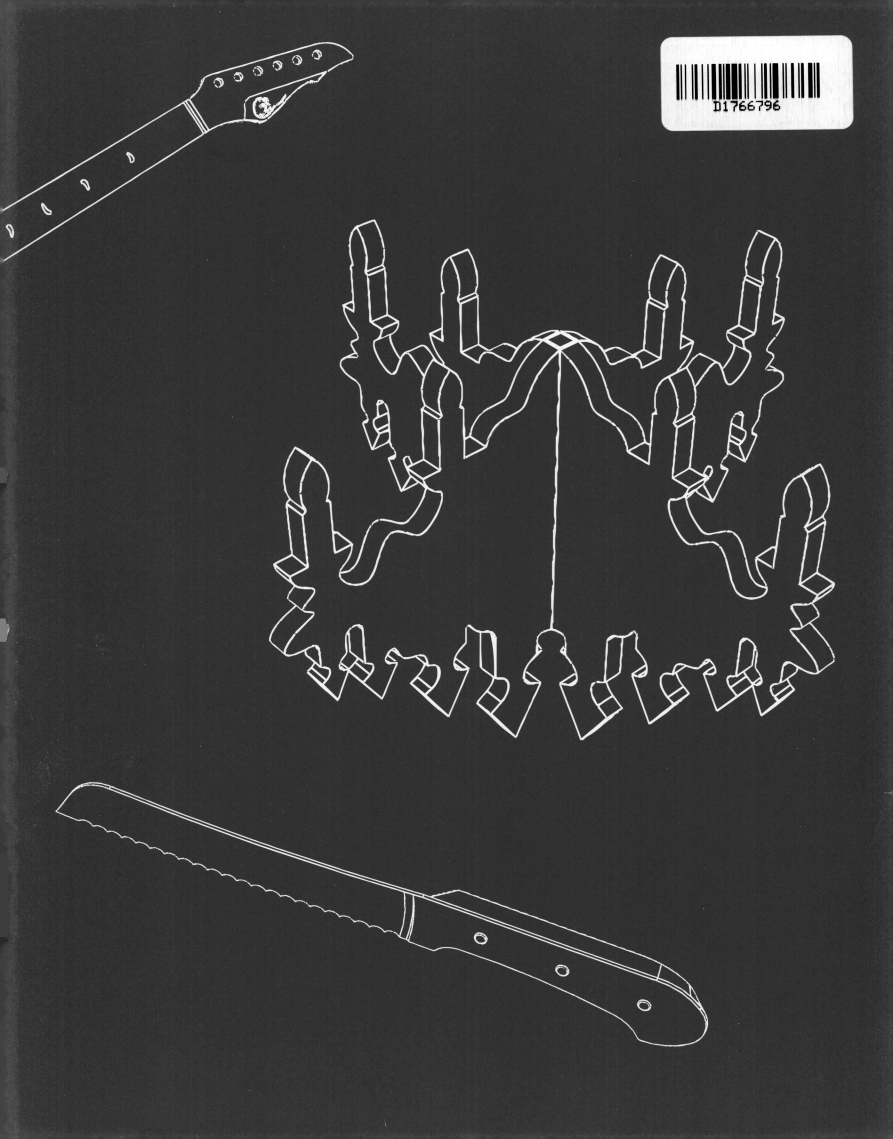

Thomas Bastide

Design

Flammarion

Préface
Les étoiles sont nées du chaos

Tel l'homme qui, sur les chemins de Compostelle, a pour habitude, à chaque croisement, de sortir une petite corne de son sac, de prendre une large inspiration et de souffler dans l'instrument, Thomas Bastide vit chaque rencontre – que ce soit en ville, à la campagne, à moto ou dans une usine – comme une opportunité : il sort son crayon, son carnet, et dessine. Il aime ce chaos qui fait partie intégrante de son processus créatif. Il installe une sableuse dans son premier atelier, et l'érosion qu'elle engendre lui sied à merveille. Obscurcissant le cristal ou le verre, ses matières de prédilection, il déclenche des tempêtes, telles celles qu'il a connues dans son Biarritz natal ou au fond des fjords suédois chers à sa mère. Il en est ainsi de sa vie : à travers ses hasards et ses rencontres, Thomas Bastide nous offre quantité d'étoiles.

Foreword
Stars are born from chaos

Like the man who, at every crossroads on the pilgrimage to Santiago de Compostela, takes a small horn from his bag, breathes in deeply, and blows into it, Thomas Bastide sees opportunities everywhere— in town and in the countryside, on his motorcycle or in a factory— for taking out a pencil and notebook, and drawing. He adores this chaos since it is part and parcel of his creative process. Installing a sandblaster in his first studio, he found that the way it eroded the material suited his work wonderfully. Darkening crystal and glass, his favorite materials, he unleashes storms, like those he experienced in his native Biarritz or deep in the Swedish fjords so dear to his mother. And so it is with his entire life: thanks to each chance occurrence and encounter, Thomas Bastide adds to the stars he creates for us.

Gilles Chabrier
Sculpteur, sableur
Sculptor, sandblaster

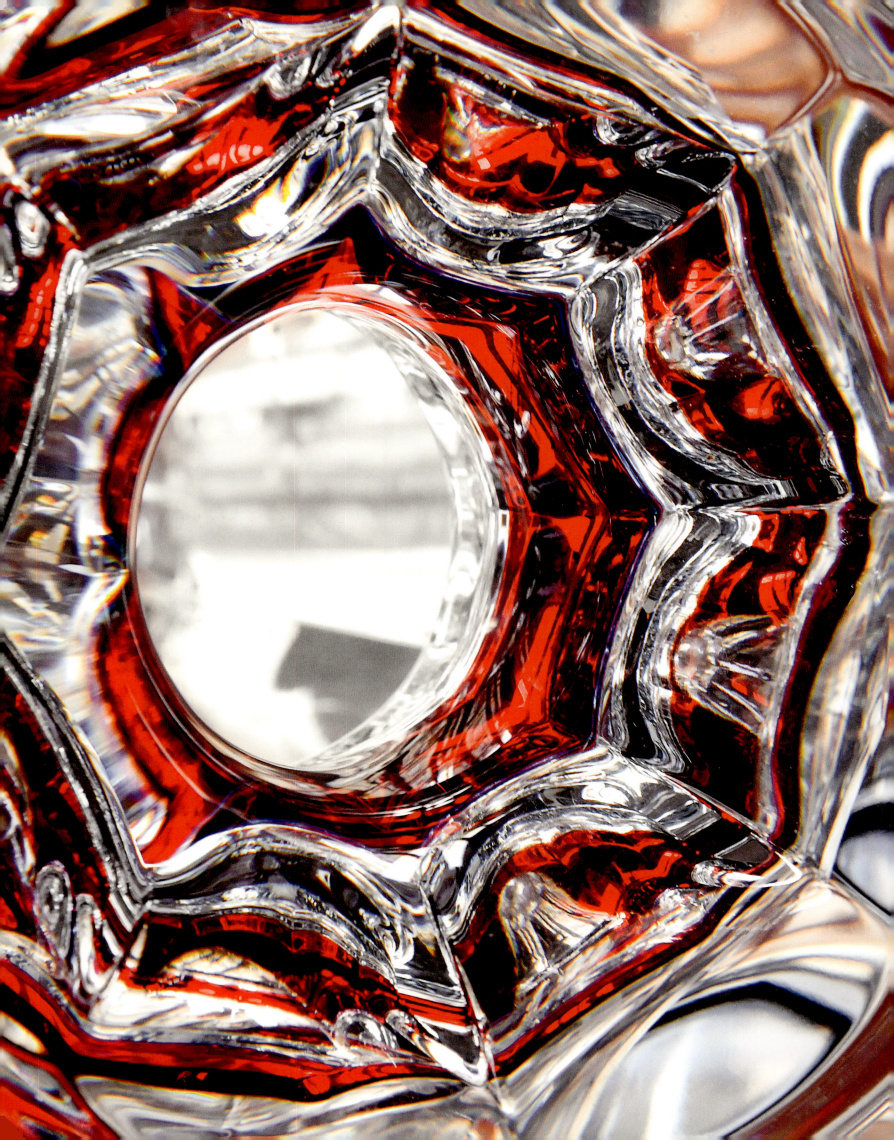

3 **Préface**
Foreword

7 **Introduction**

15 **Équilibre**
Balance

49 **Déconstruction**
Deconstruction

79 **Forme et fonction**
Form and function

119 **Nature**
Nature

143 **Réinventer un classique**
Reinventing a classic

181 **Spirale**
Spirals

203 **Optique**
Optics

225 **Mécanique**
Mechanics

251 **Fluide**
Fluidity

287 **Remerciements**
Acknowledgments

Introduction

Chaque jour, Thomas Bastide s'échappe. Mais ce n'est pas une fuite, plutôt une considération toute personnelle de l'espace-temps. Il confesse avec sincérité ne pas parvenir à vivre dans le présent, ne trouver aucun intérêt au passé et appréhender le futur. Seul le futur lointain étant estimable. Selon cette logique, le designer questionne la pérennité de son œuvre. Il souhaite transmettre – à la jeune génération, surtout – l'origine de ses inspirations, la genèse de certains objets, le souvenir d'accidents heureux, ses secrets de fabrication en quelque sorte, à l'image d'un grand chef confessant son tour de main, ses astuces. Il s'agit bien d'une transmission en retenue, en accord avec son caractère et son esprit ouvert, empreint d'une certaine forme d'idéalisme. À travers ce livre, le designer s'offre une pause. Car depuis toujours, il compose avec l'urgence du temps qui passe. Cet inconfort l'électrise. Voilà son moteur, voilà la clef de son incroyable parcours créatif, depuis ses premières réalisations pour la Manufacture Baccarat, en 1982.
Thomas Bastide ne s'embarrasse de rien. Toujours prêt à se remettre en question, à expérimenter un nouveau matériau, un dernier procédé technique. Aucun tabou, aucune entrave. Hyperactif, c'est un artiste éternellement, spontanément curieux… l'héritage d'une mère mannequin et peintre, Monica Sjöholm, et d'un père à la fois écrivain, éditeur, animateur de radio et diplomate, François-Régis Bastide. Son parcours démontre cette souplesse. Après le baccalauréat et douze mois de service militaire, il débute des études d'économie et gestion à l'université parisienne de Tolbiac, pensant que par cette voie il assouvira son désir de devenir « patron de boîte » ! Fausse route. Son don pour le dessin lui permet d'intégrer très vite, toujours à Paris, l'école Penninghen, puis l'ENSAAMA (École nationale supérieure des arts appliqués et des métiers d'art) où, formé à l'esthétique industrielle, il envisage de devenir designer de jouets. Pour son mémoire, en 1979, il compte dans un premier temps plancher sur la conception d'une trottinette pour adulte. Mais son esprit visionnaire n'est pas du goût du professeur référent, qui le rudoie en lui demandant s'il compte fournir également la bande Velpeau. L'étudiant se réoriente sur un trancheur de charcuterie. Sa maquette en styron à l'échelle 1 est du plus bel effet ; la lame est un disque 33 tours de Lou Reed peint en argenté.

Every day, Thomas Bastide makes a bid for escape. This is though not an escape *from* anything. Rather it is the result of a very personal attitude to space-time. He tells us—in all sincerity—that he cannot live in the present, that he finds the past uninteresting and that he dreads what lies around the corner. Only the distant future has value in his eyes. From this perspective, the designer has begun to wonder about the afterlife of his oeuvre. His wish now is to hand down—to the younger generation especially—just how some of his inspirations came to him and how he created a number of his pieces, as well as to recall certain lucky accidents—trade secrets in a way, like a three-star chef lifting the veil on the secrets of his kitchen. It is an undemonstrative kind of transmission, in keeping with a character and inquisitiveness shot through with a vein of idealism. For the designer, the present volume offers an opportunity to take stock. In the normal run of things he is used to working under time pressure. It is a constraint that galvanizes him: it drives him on. It is also the key to his incredible creative career since his earliest designs for Baccarat in 1982. Thomas Bastide is no stick in the mud. He is always ready to test his limits, to experiment with new materials and new technical processes. No taboos, no frontiers. Hyperactive, he is an eternally, spontaneously curious artist, something he inherited from his mother, Monica Sjöholm, at once fashion model and painter, and his father, François-Régis Bastide, writer, publisher, radio host and diplomat.
Thomas Bastide's entire career bears the stamp of this adaptability. After his baccalaureate and the customary twelve months' military service, he began by studying economics and management at the University of Tolbiac, Paris, thinking that he might thus fulfill his desire to become a "company exec"!
Not his thing. His gift for drawing though quickly opened the doors to the Penninghen school and then to the ENSAAMA (national upper school of the applied arts and crafts), where, trained in industrial aesthetics, he planned to become a toy designer. For his end of studies project, in 1979, initially he thought he would try a design for a scooter for adults. His visionary spirit, however, was not to the liking of his supervisor who sarcastically inquired whether he also intended to supply bandages to go with it. So instead the student focused his attention on a slicer. His one-to-one scale model in Styron, with a blade from a silver-painted Lou Reed LP, made quite a splash.

Une fois diplômé, Thomas Bastide intègre rapidement l'agence du célèbre graphiste et designer industriel franco-américain Raymond Loewy, auteur, entre autres, de l'aménagement du Concorde puis de l'Air Force One. Durant un semestre, le jeune homme dessine et modélise divers objets et accessoires de la vie courante, dont des boutons de machine à laver pour De Dietrich ou bien une machine à coudre Elna. Puis, simultanément (nous sommes en 1981), il répond à deux offres d'emploi similaires, l'une émise par les cristalleries Baccarat et l'autre par le porcelainier Bernardaud, tous deux étant en quête d'un designer pour créer des modules de PLV (publicité sur le lieu de vente) et des décors afférents. Il est pris pour les deux postes ! Ne pouvant pas cumuler deux emplois à temps plein, mais ne souhaitant pas non plus renoncer à l'un d'eux, il propose de travailler en binôme avec l'une de ses camarades d'études. Durant une année, Thomas Bastide va livrer et monter ses créations dans la France entière, de Calais à Bastia. Cette double expérience lui permet d'appréhender et d'apprécier l'univers des manufactures artisanales et des savoir-faire manuels d'exception. L'année suivante, le créateur réalise sa première pièce en cristal pour Baccarat et à la demande du marché américain : une petite chouette protocorinthienne inspirée d'un modèle conservé au musée du Louvre (et grâce à laquelle, muni de son carnet de croquis, d'une boîte d'aquarelle et de glaise, il a eu la chance de pouvoir passer un long moment dans le département des Antiquités grecques, étrusques et romaines, seul, un jour de fermeture). Sa seconde réalisation est plus fonctionnelle puisqu'il s'agit d'un service à petit déjeuner taillé à côtes plates et composé notamment de verres à jus d'orange, d'un sucrier-saupoudreur, d'un confiturier et d'un beurrier. Parallèlement, il poursuit son travail d'apprentissage et enchaîne maquettes et prototypes en plâtre à mains nues, au point que celles-ci deviendront aussi abrasives que du papier de verre. En 1985, le designer se voit proposer la création d'un tigre, en prévision de l'année chinoise du Tigre (débutant en février 1986). Stéphane Rozé, alors directeur général de Baccarat, l'informe que si sa figurine astrologique est retenue, il pourra bénéficier, ainsi qu'il le souhaite, d'une formation de verrier à la Pilchuck Glass School de Stanwood, dans l'ouest des États-Unis. C'est Yvonne Brunhammer, alors conservatrice en charge des collections historiques du musée des Arts décoratifs (elle en prendra la direction l'année suivante et marquera à jamais l'institution), qui lui a parlé de cet établissement américain (très intéressée par les arts du feu et organisatrice de l'exposition « Verriers français contemporains. Art et industrie » de 1982 qui visait à instaurer une dynamique nouvelle dans la création verrière, elle est parfaitement au fait du sujet). Le félin de cristal remportant tous les suffrages auprès de Baccarat, Thomas Bastide rejoint la fameuse école pour se perfectionner en soufflage du verre et en sculpture au jet de sable. Parmi les professeurs, l'artiste de renommée internationale Michael Glancy l'impressionnera durablement par sa maîtrise de la sculpture, du sablage, du meulage, de la gravure du verre à l'état froid… et naturellement par sa technique signature, l'électroformage du verre, qui consiste à appliquer une fine couche d'un métal précieux, tel que le cuivre ou l'argent, sur du verre soufflé, puis à le faire baigner dans de l'acide.

À son retour à Paris, Thomas est galvanisé, il rêve de transformer sa maison en atelier. Il vend sa moto préférée pour acheter un compresseur, puis une sableuse, puis enfin un four. Le voilà désormais designer et sculpteur de verre. Son champ d'expression devient infini, à la manière d'un peintre disposant d'une multitude de pigments. Il mélange du verre feuilleté de pare-brise de voiture et du verre trempé de cabine téléphonique, il observe les torsions avec fascination. Il fait fondre des prototypes Baccarat. Selon un cycle perpétuel, il crée un objet, le casse et en imagine un autre. Très instinctif, il a un besoin profond d'être confronté à la matière,

After graduating, Thomas Bastide rapidly joined the agency of Raymond Loewy, the famous Franco-American graphic and industrial designer responsible for the outfitting of Concorde and Air Force One, among other projects. For a whole semester, the young man drew and constructed models for various everyday objects and accessories, including washing machine buttons for De Dietrich and a sewing machine for Elna. Then, simultaneously (this was in 1981), he replied to two identical job offers for a creator of POS (point of sale advertising) modules and the attendant store fittings, one from Baccarat crystal, the other from the porcelain manufacture Bernardaud. But he was promptly accepted for both positions! Unable to combine two full-time jobs, but reluctant to give either of them up, he suggested he could work in tandem with a student friend. Thus, for a whole year, Thomas Bastide delivered and displayed pieces all over France, from Calais to Bastia. This dual experience offered him an opportunity to get to known and appreciate the world of artisanal manufacture and prestige craftsmanship. By the following year the designer had created his first crystal piece for Baccarat. Aimed at the American market, it was a small proto-Corinthian style owl inspired by a specimen in the Louvre. He was fortunate in being permitted to spend long hours in the Department of Greek, Etruscan and Roman Antiquities, alone, on a day the Museum was closed, armed with his sketchbook, a box of watercolors and some clay. His second realization was more functional: a breakfast service with flat ribs and featuring orange-juice glasses, sugar shaker, jam pot and butter dish. Pursuing his apprenticeship, Thomas Bastide hand-crafted a series of models and prototypes in plaster, working the surface to the point that it became as abrasive as sandpaper.
In 1985, in anticipation of the eponymous Chinese year beginning February 1986, the designer received an order for a tiger. Stéphane Rozé, Baccarat's general manager, informed him that if the astrological figurine was selected, he might, if he so wished, join a glassmaking training program at the Pilchuck School in Stanwood (Washington). He had been told of this American establishment by Yvonne Brunhammer, then curator of the historic collections at the Musée des Arts Décoratifs (appointed director the following year, she was to leave an enduring mark on the institution). Keenly interested in the arts of fire and perfectly abreast of the subject, in 1982 Brunhammer had organized the exhibition Contemporary French Glassmakers. Art and Industry, with the aim of imparting fresh impetus to national glass design. At Baccarat Bastide's crystal feline was unanimously acclaimed, allowing him to enroll at the famous school to perfect his glassblowing and sandblasting techniques.
One of his teachers was the internationally renowned artist Michael Glancy. Glancy's mastery of sculpture, of sandblasting and grinding techniques, of the cold engraving of glass, and of his signature technique, glass electroforming, which consists in applying a thin layer of a noble metal, such as copper or silver, to blown glass and then plunging it into a bath of acid, left a lasting impression.

Galvanized on his return to Paris, Thomas cherished the idea of converting his home into a workshop. Selling his beloved motorcycle he bought a compressor, then a sandblaster, and finally a kiln. He was by then both a designer and a glass sculptor. Opening his field of expression onto the infinite, he felt like a painter stumbling across a new primary color. Mixing laminated glass from car windshields with tempered glass from telephone booths, he observes their twists and turns with fascination. He even had Baccarat prototypes melted down. He makes objects, breaks them and then dreams up others in a perpetual cycle.
Driven by instinct, Thomas Bastide feels a profound need to engage with his materials hands on, to understand their specific qualities and imagine the processes that transform them. Crystal, of course,

1, 2
Villa Christian,
Biarritz

3, 4, 5
Öland, Suède Sweden

1

2

1
Vue de l'atelier de Thomas
Bastide, rue Madame,
Paris 6e arrondissement, 1975.
Drawing of Thomas Bastide's
studio, rue Madame,
Paris 6th arrondissement, 1975.

2
Pilchuck Glass School,
État de Washington,
États-Unis, 1985.
Pilchuck Glass School,
Washington State,
USA, 1985.

3, 4
Atelier chez Baccarat,
rue de Paradis,
Paris 10e arrondissement,
1981-2003.
Studio at Baccarat,
rue de Paradis,
Paris 10th arrondissement,
1981–2003.

5, 6
Atelier rue d'Assas,
Paris 6e arrondissement,
2005-2020.
Atelier rue d'Assas,
Paris 6th arrondissement,
2005–2020.

3

4

5

6

de comprendre ses spécificités, d'envisager ses procédés de transformation. Le cristal bien sûr, mais aussi le verre, le bois, le métal, la céramique ou la pierre sont autant d'alliés (et non de simples supports) pour exprimer ses idées, donner vie à ses créations. Au contact de la matière, et dans l'action, tout peut s'éclairer. Grâce aux marques avec lesquelles il collabore – de Baccarat à Ercuis, de Claude Dozorme à Cub-Ar, d'Arthus Bertrand à Alain Saint-Joanis… –, Thomas Bastide passe beaucoup de temps dans des ateliers, des manufactures et des usines. L'envers du décor le fascine. La connaissance de l'outillage et la maîtrise du vocabulaire technique lui permettent d'échanger d'égal à égal avec un tailleur, un polisseur, un orfèvre ou un ébéniste. Dans le prolongement de cette démarche d'expérimentation, l'artiste se risque aussi au détournement d'objets industriels. À Tarbes, dans une usine spécialisée dans la fabrication de pièces pour le constructeur aéronautique Airbus notamment, il a imaginé une table basse et une chaise longue en utilisant les métaux ultra légers et résistants des avions. À moindre échelle, il transformait déjà, étant enfant, des ressorts de réveil en sculptures, après en avoir démonté le mécanisme.

En quelques années seulement, d'un projet de jeunesse de trottinette à une sculpture fondatrice (*Biarritz*, début 1990), en passant par les arts de la table, Thomas Bastide a donc mis en place ce qui constitue encore, quatre décennies plus tard, son incroyable répertoire artistique. Ses sources d'inspiration sont aussi polymorphes que son œuvre. Et elles s'entrecroisent avec son besoin d'évasion. Dès qu'il le peut, l'artiste prend le large donc, muni de son précieux carnet. Il en remplit ainsi des kyrielles, de tous formats. Certains ont été achetés dans des gares, d'autres lui ont été offerts. Entre 1982 et 2000, durant la période entièrement consacrée à Baccarat, le designer en utilisait un par an. Depuis, c'est un par saison. Il y note, consigne, croque, esquisse des objets en devenir. De page en page, l'inventaire dévoile une carafe, un couvert, un vase, une cave à cigares, un bijou, un luminaire ou bien une table basse. Ils contiennent aussi des ajouts de calques, de découpages, de morceaux de nappes en papier de restaurants sur lesquels Thomas a jeté à la hâte une idée de peur de l'oublier.

Thomas Bastide n'a pas de routine de travail, son bureau est partout : dans son atelier parisien, une salle d'embarquement, un café, ou des endroits plus incongrus, tels une salle d'attente d'hôpital, le capot d'une voiture, sans oublier bien entendu la campagne. En une fraction de seconde, le créateur enfourche sa moto Guzzi ou s'installe au volant de sa Saab 900 de collection et part « au grand air ». Il aime à rappeler qu'il est né en bord de mer, à Biarritz, fief de sa famille paternelle, et qu'il fréquente l'île d'Öland depuis sa prime enfance, sa mère étant suédoise. Cette « île du soleil et des vents », dont la partie méridionale est classée au patrimoine mondial de l'Unesco, a gardé un caractère sauvage. Les côtes escarpées, les plages de galets, l'air cristallin et les couchers de soleil rougeoyants sur la mer Baltique l'ont durablement marqué. Tout comme les lacs scintillants, les forêts anciennes et denses de la province de Småland, dans le sud du pays. Avec ces ressources naturelles (le bois et l'eau), le lieu est d'ailleurs le royaume du verre depuis le début du XVIIIe siècle.

Cependant, c'est à Biarritz (les souvenirs s'entremêlent en un seul et même fil rouge) que le designer situe son premier contact avec le verre, à l'âge de 6 ans, lors d'une visite avec sa mère dans l'atelier du maître verrier et mosaïste Jean Lesquibe. L'artiste l'avait invité à prendre des fragments de verre colorés cachés sous une couche de terre : une véritable pêche miraculeuse, dont il fera des petits personnages, avec l'adjonction de pâte à modeler. En résistant aux dommages du temps (il en possède une à son domicile parisien, sa mère également), ces graciles sculptures revêtent une certaine importance pour Thomas Bastide, qui y voit

but also glass, wood, metal, ceramics and stone are all less media than allies, aids for expressing his ideas and giving substance to his creativity. Activity and contact with materials dissipates all doubts. Thanks to the brands with which he collaborates—Baccarat and Ercuis, Claude Dozorme and Cub-Ar, Arthus Bertrand and Alain Saint-Joanis, and others—Thomas Bastide spends a substantial amount of his day in workshops, plants and factories. He is fascinated by what goes on behind the scenes. His knowledge of tools and mastery of technical vocabulary mean he can talk to a stonecutter, a polisher, a goldsmith and a cabinetmaker on an equal footing. Extending this experimental approach, the artist started subverting industrial objects. In a Tarbes factory specialized in machining parts for the aeronautical manufacturer Airbu, for instance, he designed a coffee table and a chaise longue out of the ultra-light and resistant metals used in aircraft. On a miniature scale, even as a child he liked pulling alarm clocks apart and turning their springs into sculptures. . . .

In just a few years, from the youthful scooter project via tableware to some seminal sculptures (*Biarritz*, early 1990), Thomas Bastide was already experimenting with what still, forty years later, constitutes his incredible artistic repertoire. In accordance with his yearning for pastures new, his sources of inspiration are as polymorphous as his output. Whenever time permits, the artist takes off with his precious notebooks. He has filled dozens of them, of every shape and size. Some were bought in train stations, others were gifts. Between 1982 and 2000—the period devoted uniquely to Baccarat—the designer would go through one a year. Since then it's been one a season. There, he notes, records, sketches, and draws the objects he has in mind. On page after page one glimpses a carafe, place settings, a vase, a humidor, jewelry, light fittings, or a coffee table. As well as sheets of tracing paper, they bristle with cut-outs and scraps of restaurant paper napkin on which Thomas scribbles an idea he might otherwise forget.

Thomas Bastide has no work routine. His office is everywhere: in his Paris studio, at the gate in an airport, in a café, and even in more incongruous places, such as a hospital waiting-room, on the hood of a car, and, of course, out in the countryside. In the blinking of an eye, the designer leaps on his Guzzi motorbike or jumps into his Saab 900 and makes off for the "wide, open spaces." He likes to recall that he was born on the Biarritz coast, the homeland of his father's family, and that he has been visiting the Swedish island of Öland since early childhood. This "island of sun and wind," whose southern part is classified as a UNESCO World Heritage Site, has lost nothing of its wild character. Its rugged coastline, pebble beaches, crystal-clear air and glowing sunsets over the Baltic Sea left an enduring impression on Thomas. As do the sparkling lakes and dense old-growth forests of the southern province of Småland. It can then come as no surprise that, with its natural resources (wood and water), the region has been glassmaking country since the early 18th century. The memories weaving into a single pattern, it is though to Biarritz that the designer dates his first contact with glass. When he was six, he went on a visit with his mother to the workshop of master glass artist and mosaicist, Jean Lesquibe. The artist told him he could pick up bits of colored glass hidden under a layer of clay. Adding modeling clay to this miraculous lucky dip, Thomas fashioned some small figures. Resisting the vagaries of time (he still has one in his Paris home, as does his mother), these graceful sculptures have acquired a certain importance for Thomas Bastide, who sees in them an expression of telluric forces: the omnipotence of the earth, and, by extension, of nature, whose riches nourish humankind and artists alike, both literally and figuratively.

His models have long included the Finnish designers Alvar Aalto, Tapio Wirkkala and Timo Sarpaneva. All of them lived close to

l'expression de la force tellurique. Une toute puissance de la terre, et par extension de la nature, dont les richesses nourrissent au sens propre comme au figuré les hommes et les artistes.
Depuis toujours figurent parmi ses modèles les designers finlandais Alvar Aalto, Tapio Wirkkala et Timo Sarpaneva. Tous vivaient proches de la forêt et pouvaient sculpter à l'envi des morceaux de bouleau, inventant des formes sans dessin préalable.
Thomas Bastide évoque pour lui-même une totale osmose avec les paysages qui l'ont vu grandir : reliefs majestueux des montagnes basques, étendue immaculée de la lande suédoise et vallons délicats du bocage normand. Mais il ne faut pas se méprendre, la nature peut être à la fois fragile et destructrice. C'est toute l'ambivalence de ce stimulus créatif, dont les excès et débordements basculent en sources d'inspiration. Le designer cite en exemple les vibrations du vent, la puissance des vagues, le rayonnement lumineux émis par un éclair, la rage d'un ouragan, les fractures d'un tremblement de terre… Le chaos sublimé acquiert alors une valeur esthétique ; il lui suggère des lignes et des formes, desquelles naîtront à plus ou moins long terme des sculptures, des objets décoratifs et fonctionnels.

a forest, carving pieces out of a hunk of birch, inventing forms with no preparatory drawings. For his own part, Thomas Bastide mentions the total osmosis between him and the scenery in which he grew up: the majestic undulation of the Basque mountains, the untouched expanse of the Swedish moors, the delicate valleys of the Normandy *bocage*. But make no mistake: nature can be both fragile and destructive. This is the deep ambivalence of a creative stimulus whose excess and overabundance can morph into a source of inspiration. The designer cites as examples the shiver of the wind, the crash of the waves, the luminous flash from a lightning strike, the rage of a hurricane or the fractures left by an earthquake. Thus sublimated, chaos acquires an aesthetic value of its own. It suggests lines and forms to the designer which give rise, at the time or perhaps long after, to decorative or functional objects.

1

1
Atelier,
rue Campagne-Première,
Paris 14ᵉ arrondissement,
depuis 2020.
Studio,
rue Campagne-Première,
Paris 14th arrondissement,
since 2020.

2, 3, 4
Atelier à la campagne.
Studio in the countryside.

2

3

4

Équilibre
Balance

L'équilibre est une notion que Thomas Bastide admire, tant dans les mots que dans les idées. Elle embrasse tout le champ lexical, des rapports humains – dont il apprécie qu'ils soient harmonieux – à la recherche formelle, la vision esthétique. Cette philosophie de vie, portée assurément par son éducation scandinave, est indissociable de sa verve créative.

Balance, in both words and ideas, is a notion that Thomas Bastide has always admired. The concept embraces a vast lexical field, from human relationships—which he likes to be harmonious—to his formal research and aesthetic vision. This philosophy of life, in all probability inculcated in him by his Scandinavian upbringing, appears inseparable from his creative verve.

Projection
Baccarat | **1995** | Détail du verre Detail of the glass

Mais tendre à l'équilibre nécessite la connaissance du mouvement, à la manière des photographes précurseurs Étienne-Jules Marey et Eadweard Muybridge, qui se servaient d'instantanés photographiques pour décomposer et étudier le mouvement des êtres vivants, et dont les travaux révolutionnaires eurent un profond retentissement sur des artistes tels qu'Auguste Rodin, que Thomas Bastide cite volontiers. Le designer prend en exemple la statue de Balzac, équilibrée par un léger basculement vers l'arrière, et dont l'inclinaison renforce, selon lui, la force sculpturale.

Équilibre et inclinaison, voilà la bonne équation. Avec succès, Thomas Bastide l'a maintes fois mise en pratique au travers de ses créations pour de grandes manufactures d'arts de la table – dont Baccarat et Ercuis –, ou bien encore pour des éditeurs d'objets et de luminaires, tels Bleu Nature ou Maison Charles. Il a alors su traduire le juste équilibre, en explorant avec aisance une étonnante pluralité de matières : cristal, argent, acier, laiton, obsidienne…

Cela avait pourtant débuté par une manœuvre que l'on pourrait qualifier, pour rester dans le même vocabulaire, de manœuvre d'équilibriste ! En 1992, Thomas Bastide est invité par le VIA (Valorisation de l'innovation pour l'ameublement), célèbre vitrine permanente du design français créée deux ans plus tôt, comme membre du jury d'un concours sur les arts de la table. La proposition ne peut se refuser, d'autant moins que les autres membres représentent tous de prestigieuses manufactures de cristal, de porcelaine ou d'orfèvrerie. Mais le sujet est délicat, car Thomas Bastide est sur le point de concourir via un projet en cristal composé d'un verre et d'une carafe ayant la particularité de tenir en équilibre sur plusieurs côtés. Devant ce choix cornélien, il décide de prendre un pseudonyme : Jean-Michel Ponsich, du nom d'un ami dessinateur de bateaux Zodiac ! Et, bien entendu, il exagère la facétie en baptisant l'ensemble Overdose. La fin est connue : ses créations gagnent le concours. Quelque temps plus tard, elles entrent au catalogue des cristalleries Baccarat, sous une appellation plus consensuelle : Vertigo.

Dès lors, Thomas Bastide se passionne pour la « décomposition de l'équilibre » autour de trois axiomes : la position, le rythme et le mouvement. Toujours pour Baccarat, la création de mobilier en 1996 constituera un sacré challenge. Aucune perte d'équilibre n'est possible pour cette table basse ou ce bureau, dont les pieds effilés et incurvés semblent s'élever. Leur forme, inspirée d'une pirogue aperçue lors d'un voyage à Jakarta, évoque aussi une vague ascendante. Elle sera déclinée dans d'autres fonctions, tels des poignées de porte et des vases.

Bien que d'un design très différent, les trois lampes Verseuses de lumière imaginées en 2010 pour le bronzier d'art Maison Charles illustrent cette intention. Leur forme en bascule – évoquant l'action de verser – est stabilisée par le contrepoids de l'anse. Elle permet à la lumière de se propager par le haut et par le bas, telles des lignes de fuite. Selon le designer, l'objet en biais a du dynamisme et souvent une meilleure préhension.

La réflexion prend tout son sens dans ses collaborations pour la coutellerie, à l'exemple de la collection de couteaux de cuisine en acier Flat Cut créée à partir de 2015 avec l'entreprise Claude Dozorme. Le manche, plus épais d'un côté, rend la prise en main très confortable. Il est aussi légèrement incliné : ainsi, lorsque le couteau est posé sur une surface plane, la lame ne la touche pas et subit moins de chocs. Ergonomie, fonctionnalité, durabilité… Réussir le parfait équilibre équivaut à atteindre le nombre d'or. Dessiné pour la manufacture Ercuis, le couteau de table en acier et métal argenté Équilibre dispose, quant à lui, d'une qualité supplémentaire : par un jeu de facettes et d'arrondis, il ne tient que sur le côté droit, avec le tranchant de la lame en direction de l'assiette, répondant ainsi à l'étiquette des bonnes manières et du savoir-vivre à la française, le couteau se positionnant toujours à droite de l'assiette. Le relief singulier du manche,

The attainment of balance though necessitates an awareness of movement. This transpires in the wake of precursors such as the photographers Étienne-Jules Marey and Eadweard Muybridge, who employed chronophotography to decompose and analyze the successive phases of motion in horses and humans, among others. Their revolutionary endeavors had a profound effect on artists such as Auguste Rodin, to whom Thomas Bastide often refers. He cites as an example his statue of Balzac, in which balance is achieved by a slight backwards tilt, a slant that, as he sees it, reinforces its sculptural power.

Equilibrium and inclination form an equation that works. With notable success, the designer has frequently put the idea into practice in creations for leading tableware manufacturers, including Baccarat and Ercuis, as well as for editors of objects and lighting, such as Bleu Nature and Maison Charles. Exploring with consummate ease an astonishing gamut of materials (crystal, silver, steel, brass, obsidian, etc.), each time Thomas Bastide manages to achieve just the right balance.

For Thomas Bastide, it all began with an exercise that—to remain on the same page of the dictionary—could be described as a bit of a balancing act! In 1992, he was invited by the VIA (Valorisation de l'Innovation pour l'Ameublement), a famous permanent French design showcase set up two years previously, as a member of the jury for a competition for tableware and settings. He could hardly turn down the offer, especially since its members represented every prestige crystal, porcelain and silverware manufacturer. The situation though was delicate as he was about to propose his own project in crystal, comprising a glass and a carafe whose particularity was that both could balance on more than one side. To climb off the horns of this dilemma, he decided once again to resort to a pseudonym: Jean-Michel Ponsich, the name of a friend and designer of Zodiac inflatables! Inevitably, he rammed home the joke by christening the piece "Overdose." The outcome is a matter of record: his creations carried off the palm. Some time later, they were to appear in the catalog of Baccarat crystal under the less contentious name "Vertigo."

Henceforth, Thomas Bastide became fascinated by the "decomposition of equilibrium," focusing on three axioms: position, rhythm and movement. Once again for Baccarat, the creation of furniture in 1996 presented a significant challenge. Loss of stability is out of the question for a coffee table or a desk, whose curved, tapering legs seem to rise off the ground. Inspired by a dugout canoe seen on a trip to Jakarta, the shape can also be envisioned as a surging wave. It will again appear with other functions, such as door handles and vases.

Although very different in conception, the three lamps Verseuses de Lumière, imagined in 2010 for art bronzesmith Maison Charles, illustrated a similar idea. Allowing the light to propagate from above and below to create vanishing lines, their tilted form—reminiscent of the act of pouring—is stabilized by the counterweight of the handle. The designer contends that this slanted form both adds dynamism and improves grip.

Such an approach is still more relevant in collaborations on cutlery, for example, the Flat Cut collection of steel kitchen knives created from 2015 with the Claude Dozorme company. Thicker on one side, the handle sits extremely comfortably in the hand. Mildly oblique, when the knife is placed on a flat surface the blade hovers above it, minimizing untoward impact. Ergonomics, functionality, durability: achieving the perfect balance harks back to the golden ratio.

As for the steel and silver-plated metal table knife Équilibre—a design for Ercuis—it boasts an additional quality: thanks to a combination of arrises and rounded edges, it can only be placed to the right with the blade's cutting edge facing the plate, in accordance with etiquette and French savoir-vivre, the knife of course always being laid on the right. The haft's unusual relief, as if carved out of a

comme taillé dans un bloc de métal, rappelle la «côte plate» caractéristique du style de Thomas Bastide dans son travail du cristal mais aussi de l'obsidienne noire pour l'éditeur d'objets précieux Cub-Ar. Grâce à cette surface à pan coupé, les coupes imaginées peuvent se positionner de différentes manières et révèlent plusieurs transparences et effets de brillance. La matière vibre. En 2016, la découverte de ce gisement d'obsidienne millénaire en Arménie a profondément marqué le designer, tout comme la visite de l'atelier spécialisé dans la taille et le polissage. Le savoir-faire des lapidaires arméniens lui rappelant celui des verriers, dont il apprécie tant le geste.

single block of metal, recalls the "flat rib" characteristic of Thomas Bastide's style, not only in crystal but also in his works in black obsidian for the editor of precious objects, Cub-Ar. With their canted surfaces, the cups can be stood in different positions, revealing a range of effects of transparency and brilliance. The material positively vibrates. The discovery in 2016 of a thousand-year-old deposit of the material in Armenia left a strong impression on the designer and he was no less impressed by their cutting and polishing workshops. The craftsmanship of Armenian lapidaries reminds him of the skill of the glassmakers he respects so much.

Octogone
Baccarat | 2019-2023

Octogone

Baccarat | 2019-2023

Vase en cristal doublé intérieur rouge rubis. Ce modèle iconique, qui appartient à une collection élargie, a été refusé à Thomas Bastide pendant quinze ans. « Il était une évidence pour moi, insiste-t-il aujourd'hui, tant par sa forme intemporelle que par son double positionnement possible, vertical ou en équilibre incliné. »

Crystal vase with ruby-red lining. For fifteen years, Thomas Bastide's now iconic model, part of a since enlarged collection, was rejected. Today he declares: "For me, it was never in doubt, both for its timeless shape and for how it could be placed in two possible positions, vertical or leaning over in balance."

« Thomas Bastide fait partie de l'histoire de Baccarat. Il en a parfaitement compris le savoir-faire et mène une réflexion permanente pour sublimer le cristal. Il a dessiné de nombreuses collections emblématiques, telle Louxor, par exemple, tout en créant des liens avec d'autres marques, comme aujourd'hui avec Chrome Hearts. »

"Thomas Bastide has become part of the Baccarat story. Blessed with a perfect grasp of company practice, he is constantly thinking about how to make crystal even more beautiful. The designer of many iconic collections, such as Louxor, he has helped us forge links with other brands; a recent example is Chrome Hearts."

—

Maggie Henriquez
Directrice générale de Baccarat
General Manager of Baccarat

Souvenirs du voyage en Arménie
entrepris par Thomas Bastide
en 2010 avec Michel Der Agobian,
fondateur de Cub-Ar, afin de
découvrir les gisements d'obsidienne
du mont Ararat.
Memories of Thomas Bastide's 2010
journey to Armenia to explore
the obsidian deposits on Mount
Ararat with Michel Der Agobian,
founder of Cub-Ar.

Dzovassar
Cub-Ar | 2010-2012

Coupe en obsidienne noire.
Cette pièce a été taillée
par un lapidaire avec des outils
très simples et à partir d'un bloc
sans faille ni impuretés.
Chaque coupe est donc unique.
Black obsidian bowl. This piece
was cut from a flawless,
impurity-free block by a lapidary
using the simplest tools.
Each cut is therefore unique.

Verseuse de lumière

Maison Charles | 2010

Lampe à poser en laiton et anse en bronze nickelée. Entre classicisme et modernité, cette création associe une forme inspirée de l'univers aéronautique à une pièce d'archive (anse). Thomas Bastide a également souhaité faire un clin d'œil aux anciennes lampes à huile.

Brass table lamp with nickel-plated bronze handle. Half classic, half modern, this piece combines a form inspired by the world of aeronautics with a more historic component (the handle). Thomas Bastide also intended an allusion to the oil lamps of yore.

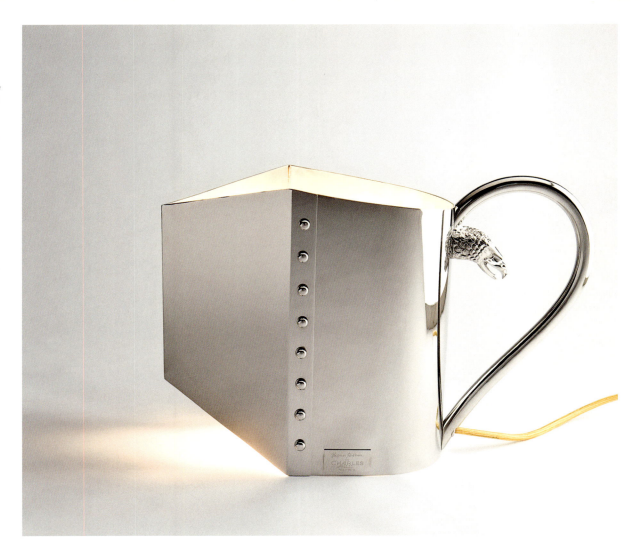

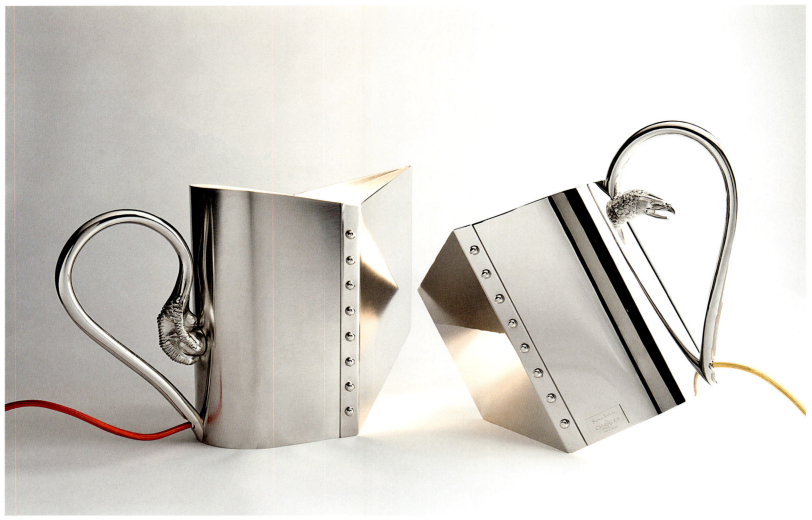

Photographies réalisées par
Thomas Bastide en 2008
lors de son séjour dans la fonderie
d'étain de Convergences,
au nord de Bangkok, en Thaïlande.
Photographs taken by Thomas
Bastide in 2008 during his stay
at the Convergences pewter
foundry, north of Bangkok, Thailand.

Diamant

Convergences | 2008

Coupe à fruits et rafraîchissoir
à caviar en étain poli. Le métal est
si pur qu'il brille comme de l'argent
ou du cristal. Les pièces sont coulées
dans des moules à double paroi
d'acier, puis reprises totalement
à la main et polies.
Polished pewter fruit bowl and caviar
cooler. The metal is so pure that
it shines like silver or crystal. These
pieces are cast in double-walled
steel molds, then entirely reworked
by hand and polished.

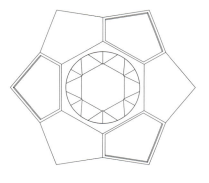

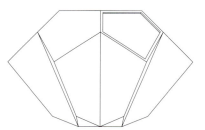

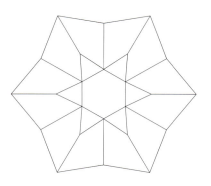

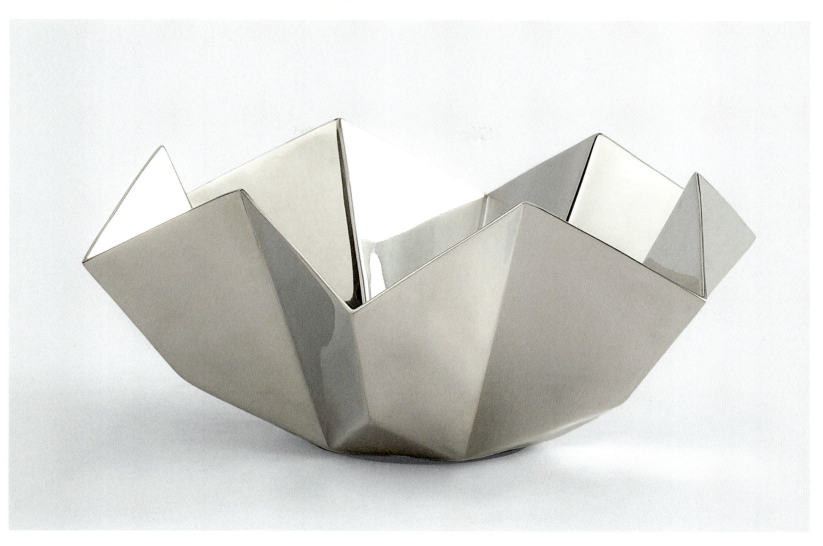

Diamant
Convergences | 2008

Lampe et triple seau à champagne
en étain poli.
Lamp and three-sided champagne
bucket in polished pewter.

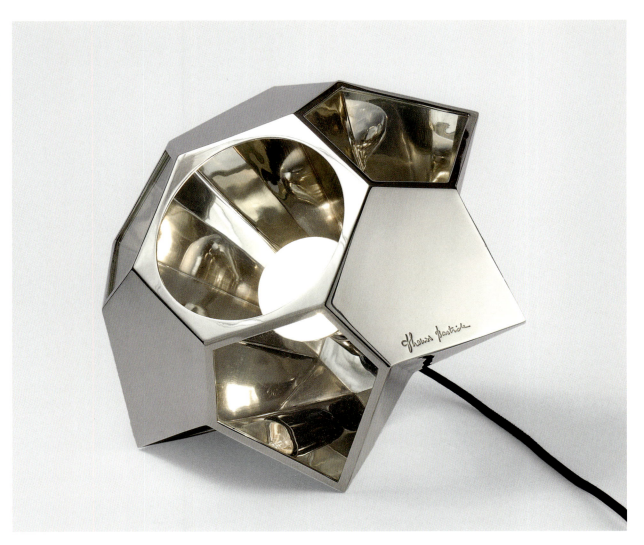

Shadow
Convergences | 2008

Seau à champagne en inox poli existant en deux dimensions. Les brillances du métal donnent l'illusion qu'il n'y a pas une seule mais quatre bouteilles, ou bien seize au lieu de quatre (dans le plus grand format).

Polished stainless-steel champagne bucket existing in two size variants. The dazzling metal makes it looks as though there is not one, but four bottles—or sixteen instead of four, in the larger format.

Équilibre
Ercuis | 2010-2011

Couverts en acier, acier argenté ou acier doré. Ces couverts épurés et intemporels rendent hommage au savoir-faire de la manufacture d'orfèvrerie. Par sa forme, le couteau tient incliné de manière à ce que la lame ne touche pas la table. Thomas Bastide souhaitait que les doigts se calent parfaitement sur les pans et donnent des gestes élégants… Les convives se tiennent bien à table !

Cutlery in steel, silver-plated steel or gilded steel. This pure, timeless set pays tribute to the expertise of the goldsmith. The form of the knife allows it to be placed at an angle such that the blade never touches the table. Thomas Bastide designed it so the fingers fit perfectly around the sides, making for elegant gestures…. Your diners' table manners will be impeccable!

Exemples de plusieurs maquettes en plâtre ou en carton réalisées par Thomas Bastide pour le projet Équilibre (au centre).
Examples of several models in plaster or cardboard made by Thomas Bastide for the Équilibre project (center).

« À la fin des années 1980, rue de Paradis, les bureaux d'Ercuis étaient proches de ceux de Baccarat… C'est comme cela que j'ai rencontré Thomas Bastide. Plus de vingt ans plus tard, il a dessiné pour Ercuis le couvert en acier Équilibre, dont la forme facettée est aussi marquante que la fameuse côte plate chez Baccarat. Par son sens des formes et de la sculpture, Thomas sait créer des objets totalement intemporels. »
"At the end of the 1980s, Ercuis' offices on rue de Paradis were near Baccarat's headquarters. That's how I met Thomas Bastide. More than twenty years later, he designed the Équilibre steel flatware for Ercuis, whose facets are as striking as the famous flat rib at Baccarat. With an innate sense of form and sculpture, the objects Thomas creates seem totally ageless."

—
Michel Rouget
Président du directoire d'Ercuis (1986-2015)
Chairman of the Board at Ercuis (1986–15)

Flat Cut

Claude Dozorme | 2015

Couteau de cuisine en acier
inoxydable. En dessinant le manche
unilatéral, Thomas Bastide s'est
intéressé à la fonction et à la
préhension, en songeant aux
couteaux dessinés par le célèbre
designer finlandais Tapio Wirkkala.
Stainless-steel kitchen knife.
In designing the single-sided handle,
Thomas Bastide focused on function
and grip, keeping in mind the
knives designed by the celebrated
Finnish designer, Tapio Wirkkala.

Projection
Baccarat | 1992-1995

Service de bar en cristal (version
colorée). Le dessin initial date
de 1983, sous le nom un peu hardi
d'Overdose.
Crystal bar service (colored version).
The original design dates back
to 1983, when it bore the rather
upfront name of Overdose.

Overdose

Baccarat | 1983-1992

Le bouchon en forme de goutte évoque le geste des apprentis verriers après qu'ils ont plongé leur canne dans le four de cristal.
The droplet shape of the carafe's stopper harks back to the gesture performed by young apprentice glassmakers after dipping the pipe in the kiln of crystal.

Colline

Baccarat | 1988-1992

Vase en cristal présentant un côté bombé, tel un spinnaker, et l'autre en angle. « J'aime l'asymétrie, le double visage des objets », confie Thomas Bastide.

Crystal vase with one side domed like a spinnaker and the other canted. "I like asymmetry, the dual face of objects," remarks Thomas Bastide.

34

Seau à glace X.O

Hennessy | 2002

Seau à glace en inox poli (Ercuis).
Il a la même fonctionnalité que
le shaker mais il est plus sculptural.
Polished stainless-steel ice bucket
(Ercuis). Though it is more sculptural,
it displays the same functionality
as the shaker.

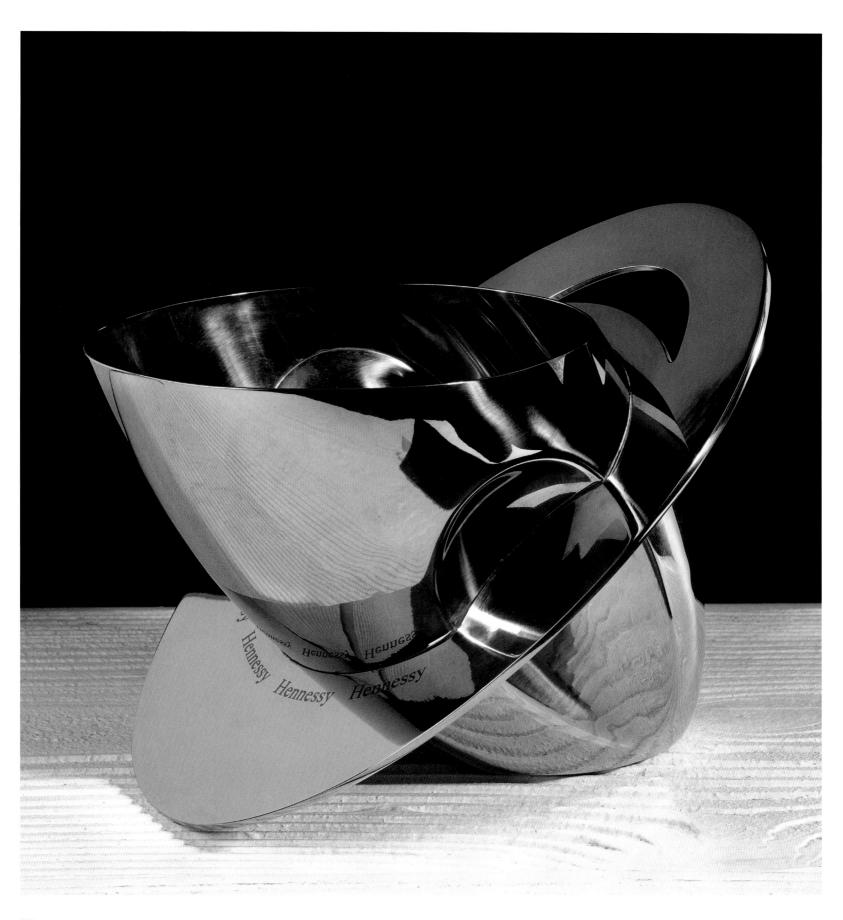

Missile, Griffe

Baccarat | 1994

Avant-projets de centre de table
et de vase.
Preliminary designs for centerpiece
and a vase.

Missile

Baccarat | 1994

Avant-projet de vase.
Preliminary design for a vase.

Les Méduses

1995-2023

Série de sculptures autour du thème de la mer, associant du cristal et du verre pilé, fondu dans un four à 800 °C, ainsi que du bois brûlé résiné.
A series of sculptures on the theme of the sea, combining crushed crystal and glass, melted in a 800°C (1500F) furnace, together with burnt resinated wood.

Haute Pression

Baccarat | 1990

Avant-projet de service de bar en cristal.
Preliminary design for a crystal bar service.

Mikado

Baccarat | 1999

Thomas Bastide affectionne le jeu du mikado. Dans ce service de bar, chaque verre semble différent et comporte donc un aspect ludique.
Thomas Bastide is fond of the game of pick-up sticks. In this bar service, each glass looks different, thus showing its playful side.

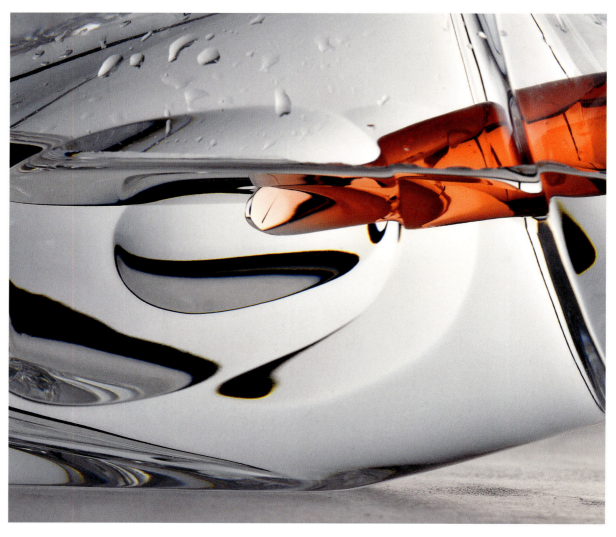

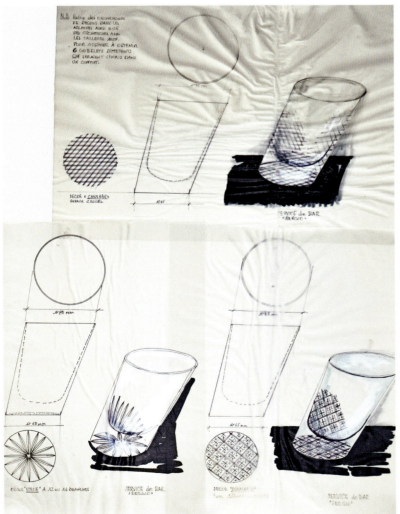

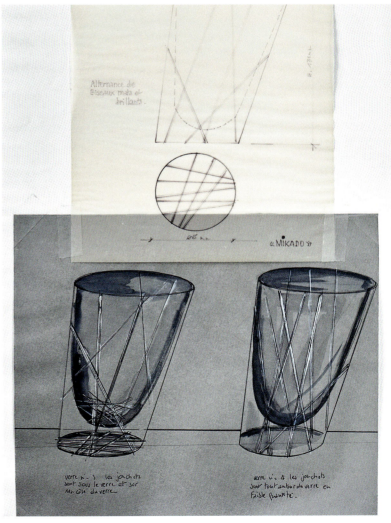

41

Shadow, L'Âme, Diamant
Claude Dozorme | 2014-2015-2020

Couteaux en acier, bakélite et métal argenté taillés. Plusieurs hommages au couteau de Thiers et au savoir-faire de cette manufacture de grande coutellerie.
Cut steel, Bakelite and silver-plated metal knives. Several tributes to the Thiers penknife and to the craftsmanship of this great cutler.

Équilibre
Ercuis | 2010-2011

Seau à champagne en inox poli.
Polished stainless-steel champagne bucket.

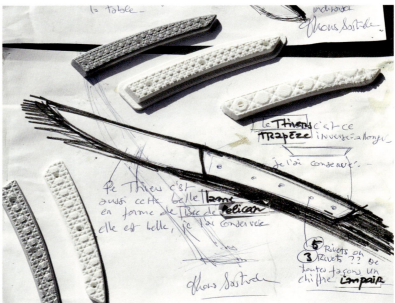

Empreinte

Baccarat | 1995-1997

Service de bar, pendule et vase
en cristal. La source d'inspiration
pour la carafe est très originale
puisqu'elle reprend la silhouette
d'un jars que Thomas Bastide avait
apprivoisé !

Bar service, clock and crystal vase.
The source of inspiration for
the decanter was highly original:
its outline comes from that of
a goose Thomas Bastide once tamed!

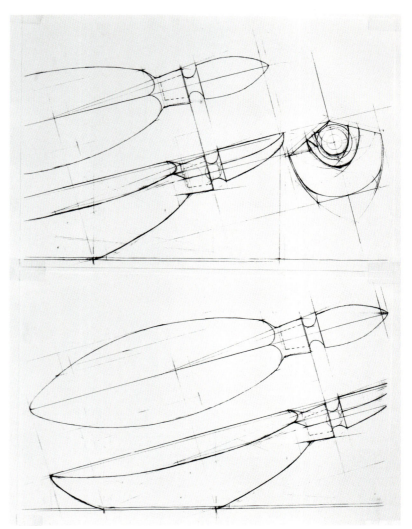

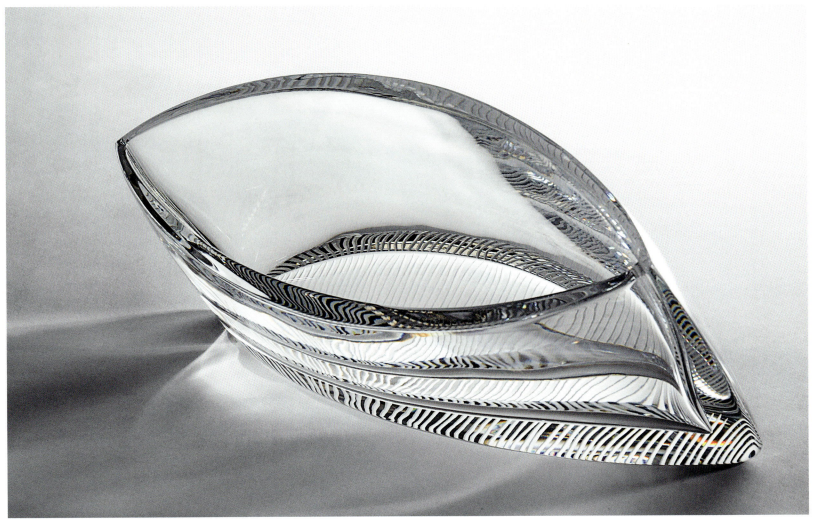

Empreinte
Baccarat | 1996

Vase doublé intérieur en cristal
bleu lagon.
Vase lined inside with lagoon-blue
crystal.

Déconstruction
Deconstruction

Il ne faut voir aucune négativité dans ce mot, choisi par Thomas Bastide pour illustrer une partie de son œuvre. Bien au contraire : il révèle à la fois son esprit joueur et une attirance pour l'architecture, au sens de construction.

No negativity should be attached to the word chosen by Thomas Bastide to describe a part of his output. Instead it reveals both his playful spirit and his attraction to architecture, in the sense of construction.

Kaléidoscope
Baccarat | 1998-2002 | Détail du vase Detail of the vase

La déconstruction entre positivement en action. Ou plutôt, elle se rappelle au bon souvenir du designer, chez qui un jeu de cubes, simple et modeste, a laissé une «empreinte éternelle» dans l'enfance. Les formes, les objets et les architectures de superposition l'inspirent. Il n'est donc pas illogique qu'il admire les avant-gardes architecturales des années 1920-1930. Et, parmi les signatures iconiques, celle de Robert Mallet-Stevens (1886-1945), membre fondateur de l'Union des artistes modernes en 1929, dont le cube fut l'une des figures d'expression favorites, magnifié par des courbes nettes, des angles droits, des matières polies – un certain éloge de la rigueur, que l'on retrouve dans le travail de Thomas Bastide.

En 1988, le créateur expérimente pour la première fois la notion de déconstruction, à la faveur d'un concours lancé par la maison de cognac Hennessy pour la réalisation d'un verre, sur le thème «Boire du cognac avec des glaçons». Étant déjà l'auteur de nombreux verres pour la Manufacture Baccarat, Thomas Bastide prend un pseudonyme : Leonard Field, le même que celui employé jadis par son père, François-Régis Bastide. Thomas-Leonard gagne donc le concours avec un verre dont le pied, en «cube décalé», symbolise un glaçon. Haut et étroit, l'objet donne également l'illusion de contenir davantage de cognac qu'en réalité. Depuis, la thématique de la déconstruction jalonne l'œuvre de Thomas Bastide. Au travers de ses recherches, dessins et maquettes, le designer a imaginé, analysé, associé des figures géométriques pour répondre avec élégance à une fonctionnalité. Les couverts N°4, créés en 2010 pour la coutellerie Alain Saint-Joanis, en sont un exemple probant. En «twistant» deux formes carrées, il leur a donné une architecture... et une allure folle, grâce à l'incrustation de laque dans l'argent, selon la technique ancestrale du cloisonné. Ces créations, usinées à la perfection, tels des bijoux, n'en sont pas moins faciles d'usage. Le couteau renferme même une idée géniale : le manche est prolongé d'un porte-couteau. Le designer a trouvé une harmonie et une logique dans la déconstruction, une clarté de lecture, malgré l'étagement et le déboîtement de formes. Si le couteau est un objet essentiel aux yeux de Thomas Bastide, la montre l'est également. En 2018, il confie son envie d'en concevoir une à Gilles Piette, président-directeur général de la célèbre maison Arthus Bertrand, qui lui proposera de réaliser plutôt deux collections d'accessoires de bureau en laiton nickelé. La première, explicitement baptisée 6 × 6, s'articule autour de deux hexagones superposés aux accents Art déco. La seconde sublime quant à elle un motif décoratif historique, la pointe de diamant. Intitulée à juste titre Savoir-faire, elle rend hommage à la dextérité des artisans de l'entreprise, ainsi qu'à la performance des outils – ici, une machine usinant simultanément en cinq axes. La dimension technique se révèle être une constante «source d'émulation» pour Thomas Bastide. Cette gamme sera déclinée en pendentifs et bracelets. Pour l'éditeur de luminaires Flam&Luce, le designer a joué la carte de la sobriété architectonique, en quelque sorte. Sa collection de lampes et lampadaires Burn Out résulte ainsi d'un empilement de parallélépipèdes en céramique blanche émaillée monochrome ou travaillée pour donner l'aspect du bois brûlé. La surface lisse tempère le relief accidenté, déconstruit, résultant de la combustion. La brillance et la matité créent des jeux d'ombre et de lumière et un puissant effet graphique. Déconstruction et construction sont à l'unisson.

When deconstruction enters into action, it does so positively. Or rather it lives in the mind of a designer on whom a simple, modest set of cubes left "an eternal imprint" as a child. Much inspired by overlapping forms, objects and structures, it is only to be expected that he would admire the architectural avant-garde of the 1920s and 1930s. Especially one of its most iconic figures, Robert Mallet-Stevens (1886–1945), founding member of the French Union des Artistes Modernes in 1929, who had a great fondness for the cube as an expressive figure. Forms are enhanced by smooth curves, right angles, and high-polished materials. In short, a certain exhortation to rigor that resurfaces in the work of Thomas Bastide.

In 1988, the designer started experimenting with the notion of deconstruction in a competition launched by Hennessy Cognac for a glass accompanied by the following byline: "Drink cognac on the rocks." As he had already created a host of glasses for Baccarat, Thomas Bastide felt it would be advisable to employ a pseudonym. He chose to borrow that of Leonard Field, a name once adopted by his father, François-Régis Bastide. Thomas/Leonard won the competition with a glass whose foot, "a leaning cube," symbolizes a chunk of ice. Tall and narrow, the glass also gives the illusion that it contains more than it actually does. Since then, Thomas Bastide's oeuvre has regularly taken up the theme of deconstruction. In his research and his drawings and models, the designer imagines, analyzes and combines geometrical figures to ensure function blends with elegance. The cutlery set N°4, created in 2010 for craft cutler Alain Saint Joanis, provides a convincing example. By "twisting" two squares, the designer makes the pieces appear architectural, compounding their craziness with an inlay of lacquer in the silver, using the time-honored technique of cloisonné. These creations, machined to perfection like jewels, are nonetheless pleasantly satisfying to eat with. The knife incorporates a particularly brilliant notion: its handle extends into a knife-rest. Imbuing deconstruction with harmony and logic, the designer has produced an object that is functionally unambiguous, despite its layering and dislocation of form. Thomas Bastide thinks of the knife as an essential everyday artifact: this is no less true for the watch. In 2018, he mentioned this to Gilles Piette, chairman and CEO of the famous house of Arthus Bertrand, who offered him instead a brief for two collections of desk accessories in nickel-plated brass. The first, bearing the unequivocal name of 6 × 6, is based on two Art Deco-inflected hexagons placed on top of one another. The second exalts a historical decorative motif: the diamond point. Appropriately entitled Savoir-Faire, it pays tribute to the manual dexterity of the company's craftsmen and deploys the extraordinary qualities of their tools, in this case a machine able to operate along five axes simultaneously. The range itself was soon available in pendants and bracelets: technicity remains a constant "source of emulation" for Thomas Bastide. For the high-end lighting manufacturer Flam&Luce, the designer indulges, as it were, his taste for the architectonic. His Burn Out collection of side and standard lamps emerges from a stack of white ceramic parallelepipeds and glazed monochrome, or else worked to give the appearance of scorched wood. Here, an unruffled surface tempers the uneven, deconstructed relief left by the combustion. The contrast between shine and matte creates an interplay of light and shadow, as well as powerful graphic effects. Deconstruction and construction thus sing from the same page.

N°4
Alain Saint-Joanis | 2010
Couverts en argent et laque noire
ou en argent mat.
Flatware in silver and black lacquer
or in matte silver.

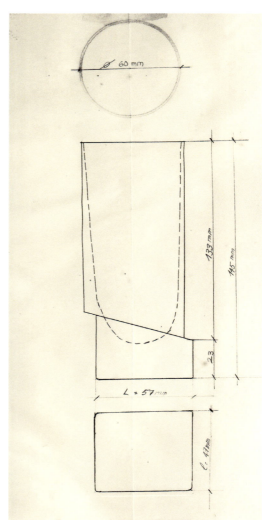

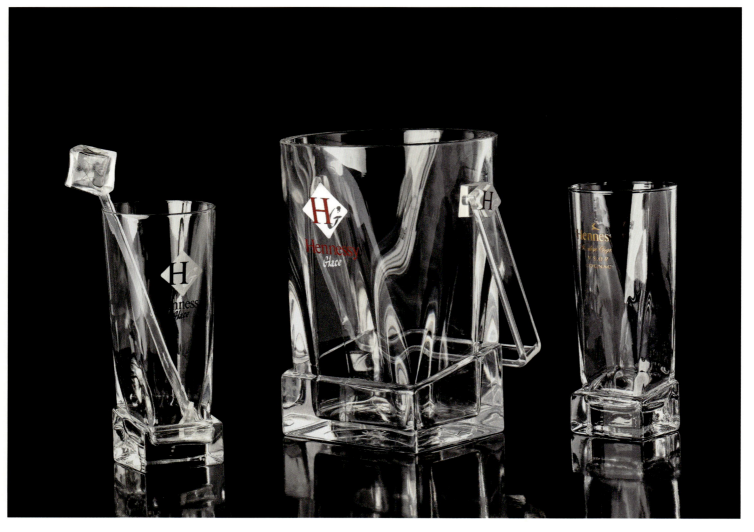

Hennessy Glass

Hennessy | 1988

Ce verre a été pensé dans l'idée de consommer du cognac avec un glaçon, comme cela se fait communément pour le whisky. Un étonnant trio a assisté à sa création : Gilles Hennessy, le chanteur Pierre Bachelet et le navigateur Luc Berthillier !

This glass was designed for drinking cognac with an ice cube, as is commonly the case with whisky. An astonishing trio was in attendance at its creation: Gilles Hennessy, singer Pierre Bachelet and mariner Luc Berthillier!

Furtif

Alcasté | 2017-2023

Cave à cigares en ébène de macassar et laque or. À la fois élégante et très technique, cette cave peut contenir et garantir la conservation optimale de plus de 400 cigares.

Cigar cabinet in macassar ebony and gold lacquer. At once elegant and highly technical, this humidor can contain and guarantee optimal preservation conditions for over 400 cigars.

« Observant une démarche de vérité de création, Thomas Bastide a un véritable amour (le terme n'est pas trop fort !) pour les secrets de fabrication. À l'antithèse du geste gratuit, il fuit le beau inutile pour se concentrer sur une forme, un toucher, une fonctionnalité... Ses coffrets sont des écrins pour les bijoux, les montres, les cigares, ou même les souvenirs. »

"Thomas Bastide has a true love (the term is not too strong!) for trade secrets. No friend of gratuitous gestures, he eschews pointless prettiness and concentrates instead on form, texture, and function. His boxes can be used as cases for jewelry, watches, cigars, or even keepsakes."

—
Philippe Truan
Président-directeur général de Roger Truan
Chairman and CEO of Roger Truan

Ours

Baccarat | 1984-1992

Collection de sculptures en cristal composée d'ours de plusieurs tailles et poids, de 500 grammes à près de 400 kilogrammes pour le plus grand, qui fut présenté à l'Exposition universelle de Séville en 1992.
A collection of crystal sculptures featuring bears of various sizes and weights, from 500 grams (just over 1 pound) to almost 400 kilograms (880 pounds) for the largest, which was unveiled at Expo' 92 in Seville.

« J'ai beaucoup d'admiration pour Thomas Bastide car il a su se réinventer et évoluer avec le temps. Le vase Octogone ou le verre Abysse font à jamais partie du patrimoine de Baccarat. Il a revisité le verre Harcourt avec brio. Et pour le verre Château Baccarat, il a dû s'adapter à l'œnologie. Luxe et fonctionnalité sont une évidence pour lui. »

"I have a great deal of admiration for Thomas Bastide because he has been able to reinvent himself and evolve with the times. The Octagon vase and the Abysse glass will forever be part of Baccarat's heritage. He also revisited the Harcourt glass with brio. And for the Château Baccarat glass, there he had to take oenology into account. Luxury plus functionality are second nature to him."

—
Françoise Labro
Directrice artistique de Baccarat (2014-2019)
Artistic Director at Baccarat (2014–19)

Module
Baccarat | 1984-1985

Avant-projet de bougeoir en cristal clair et coloré. Cet empilage de formes autour d'un trou décalé (« forage ») était très novateur pour l'époque. Thomas Bastide décrit l'objet comme une « œuvre de jeunesse » !

Preliminary design for a candlestick in clear and colored crystal. Stacking shapes around an offset hole (*drilling*) was highly innovative for the time. Thomas Bastide describes the piece as a "youthful work"!

Héritage
Baccarat | 2011

Service de verres en cristal. Avec le recul de quarante années de création pour la célèbre manufacture, ce verre reste l'un des préférés de Thomas Bastide, car il y reconnaît vraiment l'ADN de Baccarat et le sien.

Glass service in crystal. After designing for the famous manufacturer for forty years, in retrospect this glass, in which Thomas Bastide can readily sense both Baccarat's DNA and his own, remains one of his favorites.

Cube

Baccarat | 1996-1999

Avant-projet. Cette collection de verres et bougeoirs en cristal a fait l'objet de nombreux dessins, avant-projets et maquettes de la part de Thomas Bastide, toujours très investi dans la création d'une nouvelle forme.
Preliminary design. This collection of crystal glasses and candlesticks was the subject of numerous drawings, pre-projects and models by Thomas Bastide, who always has a hands-on attitude to the creation of a new form.

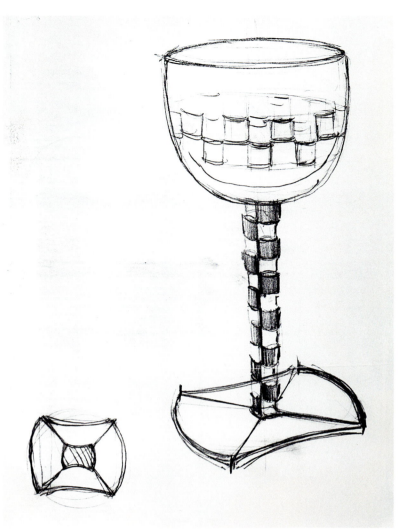

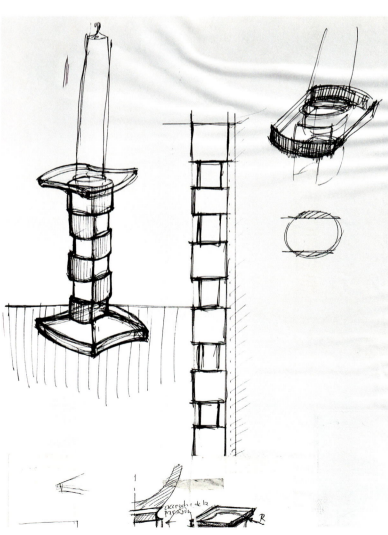

Cube

Baccarat | 1996-1999

Avant-projet.
Preliminary design.

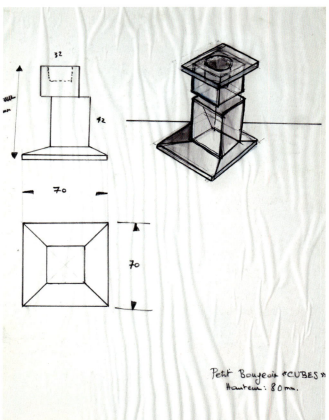

Petit Bougeoir «CUBES»
Hauteur: 80 mm.

Cube

Baccarat | 1999

Shaker et verre à cocktail.
Shaker and cocktail glass.

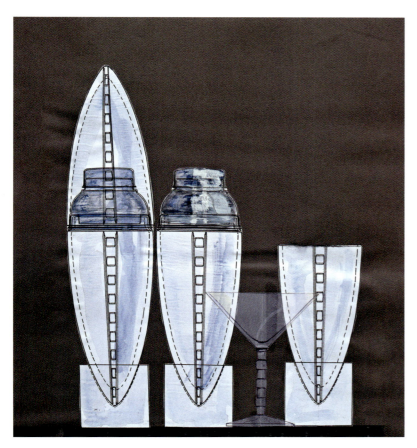

Parfum Baccarat

Baccarat | 1995

Avant-projet de flacon en cristal et maquettes préparatoires en plâtre. Sculptural, le corps du flacon évoque la construction de la fragrance, tandis que le bouchon symbolise l'expérience sensorielle des effluves parfumés.

Preliminary design for a crystal perfume bottle and some preparatory plaster models. The sculptural body of the flask conjures up the construction of the fragrance, while the stopper symbolizes the sensory experience of the scent as it floats in the air.

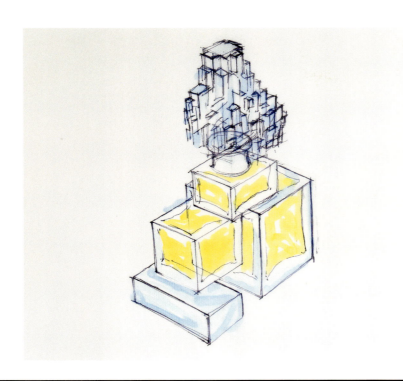

Cubik
Christofle | 2003

Nécessaire de bureau en métal argenté. Thomas Bastide se souvient encore du brief : « Créer une collection fonctionnelle à un prix raisonnable » !
Silver-plated metal desk set.
Thomas Bastide still recalls the brief: "Create a functional collection at a reasonable price"!

Burn Out
Flam&Luce | 2010

Collection de luminaires en faïence réalisés au Portugal. Chaque lampe est constituée d'1, 2 ou 5 modules en parallélépipède, avec alternance de partie émaillée blanche et partie en aspect bois brûlé.
A collection of earthenware lighting fixtures made in Portugal. Each lamp is made up of 1, 2 or 5 parallelepiped modules, presenting alternating white enameled and burnt-wood finished parts.

1 kilo d'or
et 1 kilo de cristal

Monnaie de Paris | Baccarat
2015

Sculpture tirelire impossible.
Objet étrange… L'association luxueuse
de deux savoir-faire. [Joaquin
Jimenez est le créateur de la *1 kilo d'or*.]
Impossible piggy bank sculpture.
A strange object…. An opulent fusion
of two crafts. [The creator of
the *1 kilo of gold* is Joaquin Jimenez].

Kaléidoscope

Baccarat | 1998-2002

Vase en cristal. La forme est inspirée
de l'arrière du pot d'échappement
de la moto BMW 750 3 cylindres,
souvent aperçue par Thomas Bastide
dans les embouteillages parisiens !
La forme intérieure est conçue pour
faire remonter la couleur du dessous.
Crystal vase. The shape is inspired
by the rear of the exhaust pipe
of a BMW 750 3-cylinder motorcycle,
often seen by Thomas Bastide
in traffic jams in Paris! The inner shape
is designed to bring out the color
of the bottom.

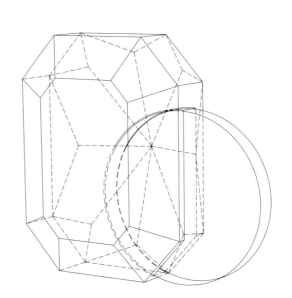
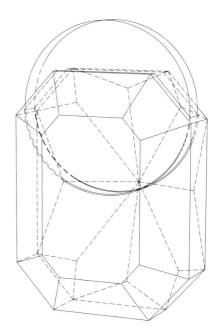

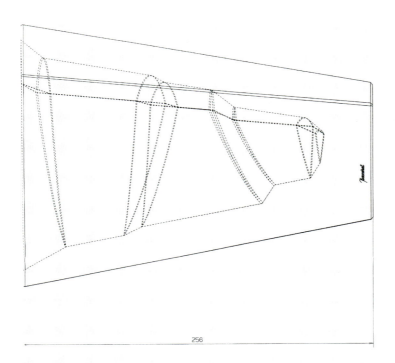

COMMANDE SPÉCIALE
PLAN pour ACCORD CLIENT
DATE
SIGNATURE

Poids brut :
Poids net : 8Kg900
N° Moule :
Cond Mag :

Code BEF :
Code AVC :
Code BRUT :
Code TAILLE :

Ref Date : Modifications :
A   28.11.01 Création du plan

Dessiné par : jantel

Baccarat   Siège Social et Manufacture : BP 31 54120 BACCARAT Tel .03 83 76 60 06 Télécopie 03 83 76 60 04
Le plan est notre propriété et ne peut être reproduit ou communiqué à des tiers sans notre autorisation écrite

DESIGNATION DU PRODUIT
Collection "kaleidoscope"   Din : 20247
vase

N° CB : 142 665   A 28/11/0
28.11.01

N° CODE : 2103682

Maralik

Cub-Ar | 2012

Bougeoir en obsidienne noire
composé de modules hexagonaux
et bobèches.
Black obsidian candleholder
composed of hexagonal modules
and pans.

Savoir-faire
Arthus Bertrand | 2018

Ligne de bureau en métal nickelé.
Thomas Bastide s'est inspiré des
objets de haute orfèvrerie, qui doivent
être totalement démontables, pour
imaginer cette collection constituée
de plaques imbriquées.
Nickeled-plated metal desk-set line.
In dreaming up this collection built
of interlocking plates, Thomas Bastide
took inspiration from the objects
of master goldsmiths, which must be
able to be dismantled completely.

6×6
Arthus Bertrand | 2018

Ligne de bureau usinée au centième,
évoquant des pièces de moteur
et composée de blocs de laiton
massif, recouverts d'une couche
de nickel poli.
A desk set machined to a hundredth
of a millimeter with hints of engine
parts and composed of solid
brass blocks, covered with a layer
of polished nickel.

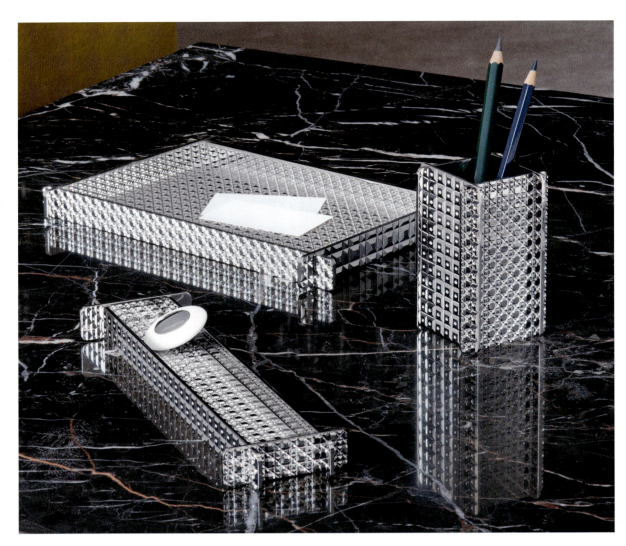

« L'homme autant que la machine
passionnent Thomas Bastide. C'est ainsi
qu'il a su parfaitement comprendre
le savoir-faire de bijoutier de notre maison
et imaginer des objets, dont plusieurs
parures de bureau, parfaitement réalisables
depuis les prototypes qu'il réalise
lui-même, en alliant technique et esthétique. »
"Thomas Bastide is passionately interested
in both people and machines. At ease with
the jewelry-making expertise of our firm,
he has designed several pieces for us,
including desk sets whose seamless blend
of technique and aesthetics means the
prototypes he makes himself can be readily
converted into products."
—
Gilles Piette
Président-directeur général d'Arthus Bertrand
(2010-2018)
Chairman and CEO of Arthus Bertrand
(2010–18)

6×6

Arthus Bertrand | 2014-2020

Cet avant-projet de montre s'inspire d'une phrase : « C'est la forme qui donne l'heure. » Les deux hexagones superposés et décalés indiquent les heures, remplaçant à leur manière les chiffres.

This preliminary design for a watch is inspired by the phrase, "It's form that tells the time." The hours are indicated by two superimposed and offset hexagons that replace the numerals.

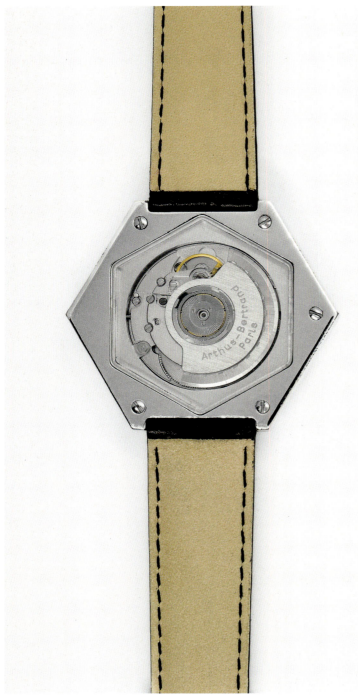

Gerbe

Baccarat | 1992

Applique en cristal et support en bronze doré. C'est grâce à sa forme que la lumière remonte. À travers ce luminaire qui appartient à la grande décoration, Thomas Bastide a souhaité rendre hommage à Georges Chevalier (1894-1987), qui œuvra pour Baccarat de 1916 jusqu'aux années 1970, et qu'il eut la chance de rencontrer plusieurs fois à la fin de sa vie.

Crystal wall lamp on a gilt-bronze foot. Its form ensures the light rises. This light fitting in the shape of a wheatsheaf and belonging to the grand decorative tradition was Thomas Bastide's tribute to Georges Chevalier (1894–1987), who worked for Baccarat from 1916 until the 1970s, and whom the designer was lucky enough to meet several times towards the end of his life.

Forme et fonction
Form and function

« La forme suit la fonction », écrit l'architecte américain Louis Sullivan en 1896. Si cet axiome continue d'avoir une belle postérité, Thomas Bastide préfère, quant à lui, le questionner, voire l'inverser : la fonction peut suivre la forme.

"Form follows function," the American architect Louis Sullivan declared in 1896, and it is an axiom that continues to enjoy widespread currency. Thomas Bastide prefers to question it, stand it on its head, even: function can just as well follow form.

Clown
Baccarat | 1998
Carafe en cristal (Baccarat) et bouchon en argent (Ercuis)
Crystal decanter (Baccarat) and silver stopper (Ercuis)

Dans tous les cas, le designer veille à la pureté de la fonction plutôt qu'à sa radicalité. Né d'une mère artiste suédoise, il a été très tôt au contact du design scandinave, d'une élégance à la fois pratique et poétique, et cite volontiers en exemple la cocotte en fonte de Timo Sarpaneva, ustensile de cuisson promu au rang d'œuvre phare des arts de la table. Conçue en 2011 pour le fabricant d'articles culinaires italien Lagostina, sa collection Carisma exprime cette même intention : grâce à leurs formes épurées, casseroles et marmites se substituent aux traditionnels légumiers et soupières, remplissant à merveille une double fonction.

Tout en œuvrant à cet accord forme et fonction, Thomas Bastide s'est souvent ajouté une difficulté, à savoir des matières fragiles et délicates, qui pourraient paraître antinomiques avec la notion de fonctionnalité. Tel le cristal, qu'il explore sans lassitude depuis plus de quarante ans. Ou encore la porcelaine, comme en atteste la collection Rêve, imaginée en 2023 pour la manufacture de Limoges J. L. Coquet et composée d'une théière (pouvant répondre à la fonction de cafetière ou de chocolatière), d'un sucrier, d'un crémier et de tasses à café, moka et thé. À la fois sobres et courbes, les formes révèlent la pureté de la porcelaine blanche, tantôt mate, tantôt émaillée. Chaque pièce est dotée d'une anse boule (patinée à l'or bruni), Thomas Bastide souhaitant proposer une nouvelle préhension, avec le creux de la main. Notons que l'audace n'est ici pas seulement formelle, elle est aussi technique et thermique : l'anse, creuse à l'intérieur, garantit une parfaite isolation (le designer s'est inspiré des célèbres verres à double paroi en borosilicate développés par l'entreprise danoise Bodum).

Rien n'est jamais gratuit dans l'équation forme-fonction de Thomas Bastide. Pour le créateur de mode américain Richard Stark, cofondateur de la marque Chrome Hearts, ouverte sur l'art de vivre, il a notamment dessiné un saladier en porcelaine dont les bords inclinés servent d'anses. Ici aussi, la praticité du bel objet est une évidence... Thomas Bastide a gardé en mémoire une publicité du constructeur automobile Saab datée de la fin des années 1980, où des mains gantées de moufles tenaient avec assurance un volant : « Forme & Fonction » était alors le slogan de la marque suédoise.

Eschewing all radicality, the designer's focus is in any case wholly on the purity of function. Since his mother is a Swedish artist, at an early age he came into contact with Scandinavian design, whose elegance is both practical and poetic, and he readily recalls Timo Sarpaneva's cast-iron casserole dish as a prime example: a trailblazing cooking utensil exalted to the rank of high tableware. Designed in 2011 for Italian cookware manufacturer Lagostina, his own Carisma collection attains the same goal: in clean, pure forms, the traditional vegetable and soup tureen are replaced by saucepans and pots, fulfilling their dual function splendidly.

To instill this harmony between form and function, Thomas Bastide has frequently had to overcome a secondary difficulty: namely working in fragile, delicate materials that might seem recalcitrant to any notion of functionality, such as crystal, whose possibilities he has been exploring tirelessly for over 40 years. This is once again the case with porcelain, as shown by the Rêve collection, created in 2023 for the Limoges manufacture J. L. Coquet, and composed of a teapot (which can double up as a coffee or chocolate pot), a sugar-bowl, and a creamer as well as coffee, moka and tea cups. All sober curves, their forms bring out the purity of a white porcelain that is sometimes matte, at others enameled. Each cup is fitted with a ball handle (in burnished gold patina) that allows it to nestle in the palm of the hand. Its novelty is, however, not confined to form—it extends to the technical and thermal: hollow, its handle guarantees perfect insulation. In this the designer took his cue from the famous double-walled borosilicate glass developed by the Danish firm Bodum.

There are no unknown variables in Thomas Bastide's form-function equation. For Richard Stark, cofounder of American fashion house Chrome Hearts, a brand branching out into design for life, he proposed a porcelain salad bowl with sloping edges that double up as handles. Here again, the practicality of what is a beautiful object stands out at once. Thomas Bastide recalled a late 1980s ad for Saab that showed a pair of mitten-clad hands confidently gripping a steering wheel: "Form & Function" was then the Swedish car manufacturer's slogan.

Rêve
J.L Coquet | 2024
Vase Vase

Rêve

J.L Coquet | 2024

Vase et service à thé, café et chocolat en porcelaine de Limoges et or. Les formes sensuelles sont inspirées des nuages, d'une rêverie. L'anse des tasses possède l'avantage d'être athermique, car la sphère est creuse.

Vase and tea, coffee and chocolate service in Limoges porcelain and gold. Their sensual forms are inspired by clouds and daydreams. Since the spheres are hollow, the cup handles have the advantage of being heat-resistant.

« Que ce soit pour la porcelaine ou l'orfèvrerie, Thomas Bastide connaît tous les secrets de fabrication, depuis la matière première. Et comme il est d'une grande écoute, il fait évoluer les savoir-faire et gagner en expertise, tout en inventant des formes toujours plus singulières. »
"Thomas Bastide is abreast of every manufacturing secret of both porcelain and silverware, from their raw materials upwards. And, because he is also a great listener, he has helped develop our knowhow and improve our expertise, all the while inventing ever more remarkable forms."

—
Sébastien Cich
Directeur général de J.L Coquet et Odiot
General Manager at J.L Coquet et Odiot

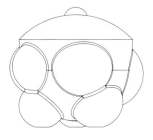
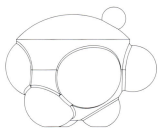

Carisma

Lagostina | 2011

Collection d'ustensiles de cuisson en acier inoxydable. De la cuisine à la table, le mariage réussi de la fonctionnalité et de l'élégance. La poignée en Y éloigne la source de chaleur et permet aussi une meilleure préhension et répartition du poids.

Collection of stainless-steel cookware. From kitchen to table, a successful union of functionality with elegance. The Y-shaped handles keep heat away from the utensil, as well as affording superior grip and weight distribution.

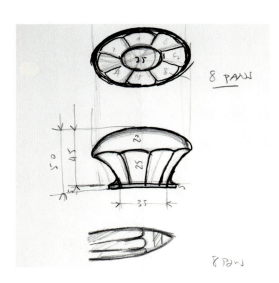

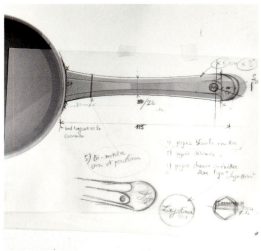

« Concevoir un siège est une équation complexe à résoudre, car il devra être à la fois robuste, confortable, léger et élégant. Thomas Bastide connaît parfaitement cette problématique ; il est dans une démarche de progression constante pour atteindre l'excellence. »

"Designing a chair is a complex equation, as it must at the same time be robust, comfortable, lightweight and elegant. Thomas Bastide understands this puzzle perfectly; always progressing, he tirelessly strives for excellence."

—
Bruno Dubois
Président-directeur général de Maison Drucker
CEO of Maison Drucker

Scarabée
Chrome Hearts | 2024

Cette chaise très enveloppante
(Maison Drucker) fait partie d'une
collection de mobilier d'extérieur
dessinée par Thomas Bastide.
This wraparound chair forms
(Maison Drucker) part of a collection
of outdoor furniture designed
by Thomas Bastide.

Boomerang
Maison Drucker | 2024

Banquette et fauteuil. Clin d'œil aux
années 1950, la collection, aux lignes
très légères, comprend également
une table basse et un footstool.
Bench and armchair. With a nod to
the 1950s and lightweight lines,
this collection also includes a coffee
table and a footstool.

Ginkgo

Baccarat | 1990-1995

Ce célèbre vase en cristal est le fruit du hasard : sa forme évasée reprend celle d'un bouquet de fleurs qui s'était étalé sur une planche à dessin, dans l'atelier de Thomas Bastide. Déclinaison en plusieurs versions, jouant sur des effets de taille et de gravure.

The origin of this famous crystal vase was a chance event: its flared shape is based on a bouquet of flowers that spread out on a drawing board in Thomas Bastide's studio. Playing on effects of cut and engraving, it is available in several versions.

Orion, Pluton
Baccarat | 1987

Flûtes à champagne en cristal.
En rupture avec le modèle à pied
conventionnel, le corps de la flûte
est ici enfermé dans la masse
du cristal.
Crystal champagne flutes. In a break
with the conventional stemmed model,
the body of the glass is enfolded
within the crystal block.

Pluton
Baccarat | 1987

Cet avant-projet de seau à champagne
a la particularité de ne pas avoir
d'anse. L'étirement des quatre côtes
plates permet la préhension.
Une pièce en argent (Ercuis) supporte
la bouteille de champagne et
protège ainsi le cristal.
A preliminary design for a champagne
bucket that is unusual in possessing
no handle. Instead, its four flat ribs
are stretched out to provide grip.
A silver piece (Ercuis) supports
the champagne bottle, protecting
the crystal.

Élysée
Baccarat | 1988-1989

Seau à champagne, service de bar,
vase et coupe. Le seau à champagne
en cristal présente une anse en
vermeil (ou argent).
Champagne bucket, bar service, vase
and bowl. The crystal champagne
bucket is fitted with a vermeil
(or silver) handle.

Wave

Kostka | 2010

Jardinière en faïence blanche émaillée et anses rehaussées d'or.
White glazed earthenware planter with gold trimmed handles.

Les deux faces de ces lampes à poser possèdent des motifs différents : grandes et petites ondes inspirées de la mer.
The two sides of the table lamps display a different pattern—large and small waves inspired by the sea.

« Thomas Bastide s'est emparé de notre histoire familiale et a participé à toutes les étapes de fabrication de ses créations. Le dialogue instauré avec les modeleurs a permis de résoudre facilement les contraintes techniques, les problèmes de cuisson et de séchage dus au grand volume de la jardinière, par exemple. »

"Immersing himself in the history of our family, Thomas Bastide participated in every stage of the manufacturing process. The dialogue he established with the modelers soon overcame the various technical constraints, such as problems in firing and drying that arose due to the large volume of the planter, for instance."
—

Aurélie Kostka
Présidente-directrice générale de Kostka (2009-2012)
President and CEO of Kostka (2009–12)

94

Harmonie

Baccarat | 1988

Salière, poivrière et huilier vinaigrier.
Le bouchon goutte et les capots
sont en argent (Ercuis).
Saltcellar, pepper-pot and oil and
vinegar cruet. The drip stopper
and caps are made of silver (Ercuis).

Château Baccarat

Baccarat | 2012

Service de verres. Pour cette ligne,
Thomas Bastide a collaboré
avec un œnologue afin de concevoir
des verres parfaitement adaptés
à la dégustation de vins. Il a eu plus
de liberté pour le verre à eau !
Glass set. For this line, Thomas
Bastide collaborated with
an oenologist in designing glasses
suited perfectly to wine tasting.
For the water glass he enjoyed
greater freedom!

Athena

Baccarat | 1986

Service de verres et de bar.
Les verres à pied sont adaptés
à l'œnologie.
Glass and bar set. Stem glasses
adapted to oenology.

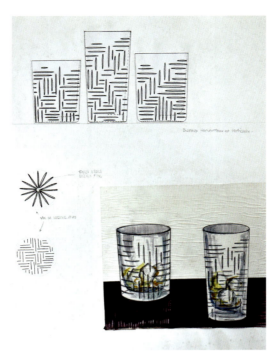

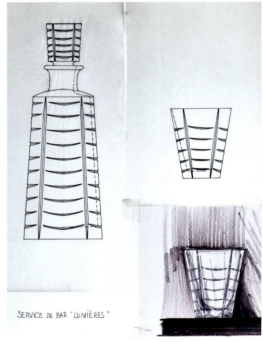

Virginia
Baccarat | 1985

Nécessaire de fumeur. «La forme hexagonale est très Baccarat», précise Thomas Bastide, qui avait choisi une forme identique au briquet et aux boîtes afin de réduire le nombre de moules. Inversé, le couvercle de ses boîtes devenait un petit cendrier.
Smoking set. "The hexagonal shape is very Baccarat," Thomas Bastide observes. To reduce the number of molds, he chose the same shape for the lighter and for the cases. Turned over, the lids of the containers can be used as ashtrays.

Secrets
Convergences | 2008

Pique-fleurs en étain poli. Un bouton en cristal permet l'ouverture des couvercles. Ces objets sont destinés à recevoir des fleurs d'arbustes ou arbres fruitiers. L'inspiration vient des phares de vieilles motos dont l'ampoule jaune figure au centre de la parabole chromée.
High-polish pewter flower stands. The lids open with crystal knobs. These articles are designed to hold flowers from shrubs or fruit trees. Inspiration came from the headlights of old motorcycles, the yellow bulb appearing in the center of the chromed parabola.

« Notre collaboration a scellé notre amitié, car nous partageons le goût des beaux matériaux et des défis créatifs. Thomas Bastide est un designer très impliqué et réaliste. En visitant notre fonderie en Thaïlande, il a tout de suite saisi toutes les possibilités de notre savoir-faire, et notamment la qualité de l'étain poli. »

"Our collaboration blossomed into a friendship, since we share a taste for beautiful materials and creative challenges. Thomas Bastide is a highly committed designer who is also very down-to-earth. Visiting our foundry in Thailand, he immediately grasped the full potential of the expertise on show there, the quality of the polished pewter especially."

—
Dan Burkhalter
Fondateur de Convergences
Founder of Convergences

Dandy
Forge de Laguiole | 2006-2008

Couteau pliant et couteau à steak
en Micarta noir ou Corian blanc.
La version pliante est décorée de deux
cabochons de cristal irisé (Baccarat).
Penknife and steak knife in black
Micarta or white Corian. The folding
version is decorated with two
cabochons of iridescent crystal
(Baccarat).

« Je reste marqué par la créativité
débordante et sans *a priori* de Thomas
Bastide. Humblement, il aime relever
des défis. À la Forge de Laguiole,
il a su interpréter l'âme des artisans de
l'Aubrac pour donner à ce couteau
une valeur esthétique intemporelle. »
"I remain enthralled by Thomas Bastide's
overflowing and boundless creativity.
In all humility, he loves a challenge.
At the Forge de Laguiole he learned how
to reinterpret the soul of the craftsmen
of the Aubrac and so imbue our famous
knife with a timeless aesthetic cache."
—
Bernard Divisia
Ancien propriétaire de la Forge de Laguiole
(2003-2008)
Former owner of the Forge de Laguiole
(2003–8)

Roof

Laval | 1996

Chaise pliante en teck ou acajou.
La forme est inspirée d'un roof
de bateau. Cette chaise a été primée
par le VIA (Valorisation de l'innovation
dans l'ameublement).
Folding chair in teak or mahogany.
The shape is inspired by the hatch
roof on a boat. The chair won an
award from the VIA (for the promotion
of innovation in furnishings).

Atlantic

Starbay | 2010-2012

Bureau, écritoire de nuit.
Table basse/bar.
Desk, night table.
Coffee table/bar.

Cockpit

Starbay | 2010-2012

Table basse transformable en table
haute et banc semi-ovale suivant
la forme de la table.
Coffee table convertible into
regular table and semi-oval bench,
depending on table option.

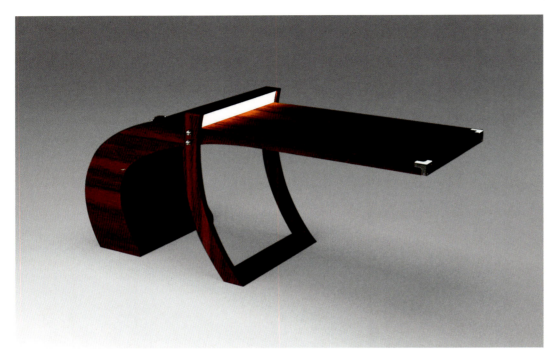

Cockpit
Starbay | 2010-2012

Canapé pliant inspiré d'un couchage
dans un bateau à voile, en noyer
d'Amérique ou bois de rose.
Fold-out sofa in American walnut
or rosewood inspired by a berth
on a yacht.

Ces meubles sont inspirés des
voyages au long cours,
en réponse au slogan de l'éditeur :
«Living the legend».
Inspired by ocean voyages, this
furniture encapsulates the maker's
slogan: "Living the legend."

Marie-Diane, Victor Hugo

Starbay | 2010-2012

Coiffeuse et bureau en noyer
d'Amérique ou bois de rose.
Dressing table and bureau
in American walnut or rosewood.

Lawrence
Starbay | 2010-2012

Ensemble de bureau et fauteuil en noyer d'Amérique ou bois de rose, en hommage à Lawrence d'Arabie ! Le fauteuil roule et tourne sans qu'on puisse voir les roues.
Desk and armchair set in American walnut or rosewood, a tribute to Lawrence of Arabia! The armchair can be pushed and turned on its invisible castors.

« Thomas Bastide est aussi à l'aise dans la conception d'objets que de meubles. Ceux qu'il a dessinés pour Starbay, dans un style rétro-moderne, sont indémodables. Il a très bien saisi la philosophie de la marque, inspirée du voyage, de l'art de vivre sur les paquebots transatlantiques, de la découverte de contrées lointaines. »
"Thomas Bastide is as comfortable designing objects as furniture. Those he designed for Starbay in a retro-modern style are timeless. He has grasped the philosophy of the brand, inspired by travel, the transatlantic liner lifestyle, and the discovery of distant lands."
—
Jean Mouret
Cofondateur de Starbay
Co-founder of Starbay

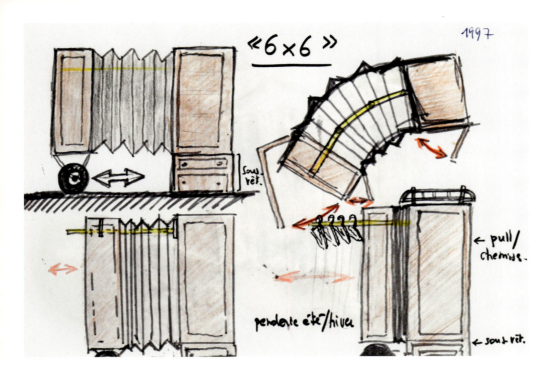

Meuble multifonctions pour dandy
baroudeur comprenant un bureau,
une coiffeuse, deux penderies et
une galerie impériale pour chapeaux
et sacs de voyage.
*Multifunctional furniture for
the dandy nomad. It comprises a desk,
a dressing table, two closets with
a gallery rack for hats and travel bags.*

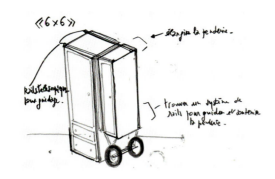
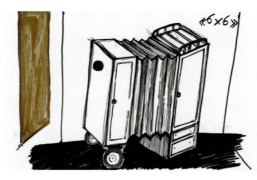

« Thomas Bastide est un designer-artisan. Il dessine autant qu'il façonne. En janvier 2016, nous avons fait ensemble un voyage dans les montagnes arméniennes à la découverte de l'obsidienne. Thomas a été fasciné par cette roche issue d'une éruption volcanique, dont la brillance est proche de celle du cristal. Ce voyage lui a inspiré des objets d'une grande sobriété, qui magnifient cette matière. »

"Thomas Bastide is both a designer and a craftsman. He draws as much as he gives form. In January 2016, we took a trip together to the mountains of Armenia in search of obsidian. Thomas was fascinated by this rock of volcanic origin whose sheen so closely resembles that of crystal. This journey served as inspiration for objects of singular sobriety that glorify the material."

—

Michel Der Agobian
Fondateur et dirigeant de Cub-Ar
Founder and Director of Cub-Ar

Purag
Cub-Ar | 2010

Cendrier en obsidienne noire. Au fil des étapes de la taille, la matière révèle toute sa transparence. L'objet est destiné à des amateurs de cigares. Ashtray in black obsidian. Passing through each stage of cutting, the material reveals all its transparency. An article designed for cigar buffs.

Service de bar X.O

Hennessy | 2016

Ensemble seau à glace, verre à cognac et pince à glaçon. Le glaçon a lui aussi été dessiné par Thomas Bastide. Comme souvent, la préhension et la fonctionnalité ont guidé le travail du designer, afin d'offrir une expérience de dégustation optimale. Ensemble featuring ice bucket, cognac glass and ice tong. The ice cube too was designed by Thomas Bastide. As so often the case, the designer's work was guided by grip and functionality, so as to offer the optimal tasting experience.

« Le verre Hennessy X.O imaginé par Thomas Bastide a traversé le temps et pris les attributs d'un grand classique. Sa forme, alliée implicitement à sa fonction, a imposé une nouvelle gestuelle. Il est devenu pour tous *le* verre Thomas Bastide. »

"The Hennessy X.O glass Thomas Bastide designed has stood the test of time well and now possesses the attributes of a true classic. Combining seamlessly with its function, its form ushered in entirely new types of gesture. It is unanimously seen as *the* Thomas Bastide glass."

—

Bernard Peillon
Président-directeur général de Hennessy (2007-2020)
Chairman and CEO of Hennessy (2007–20)

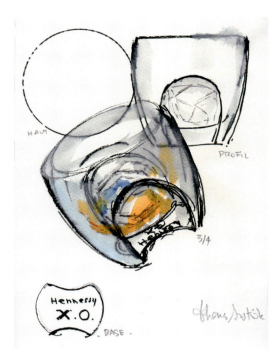

Couverts
Cutlery
Chrome Hearts | 2024

Couverts en argent massif (Odiot).
Le style associe l'ADN de Chrome
Hearts et l'art de vivre à la française
célébré par l'orfèvre. Asymétrique,
le couteau s'incline, tel que l'apprécie
Thomas Bastide.
Solid silver cutlery (Odiot). The style
combines the DNA of Chrome Hearts
with French *art de vivre* championed
by the silversmith. The asymmetrical
knife tilts, just as Thomas Bastide
prefers.

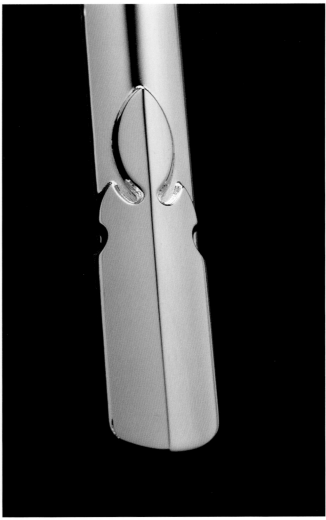

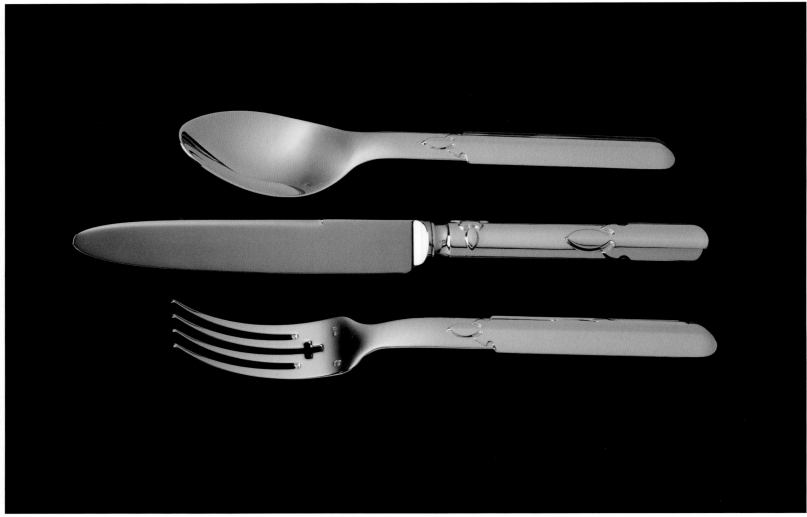

Verres et cendrier vide-poche
Glasses and pocket tray-cum-ashtray
Chrome Hearts | 2021-2022

Pièces en cristal (Baccarat).
Crystal pieces (Baccarat).

Porcelaine
Chrome Hearts | 2024

Service de bols et assiettes en
porcelaine de Limoges (J.L Coquet).
Limoges porcelain bowl and plate
service (J.L Coquet).

To Thomas,
Creativity that doesn't quit...
A mind of his own, doesn't give a shit...
He lives to ride (in his Chrome Hearts leather pants)
and rides to live...
Ride On...
Love,

Ma guitare de rêve
My dream guitar
2024

Manche traversant en érable ondé torréfié teinté noir transparent, table lumineuse en Dacryl incrustée de cristal (Baccarat) ou pétales de rose, tête spécifique avec incrustation de cristal, touche d'ébène du Gabon et points en nacre, micros Assylum Spécial, chevalet en laiton en collaboration avec Luc Baudouin, luthier de guitares électriques.

Flamed curly maple neck with transparent black stain, luminous Dacryl body inlaid with Baccarat crystal or rose petals, bespoke headstock with crystal inlay, Gabonese ebony fingerboard and mother-of-pearl dots, Assylum Spécial pickups, brass bridge, in collaboration with Luc Baudouin, electric guitar luthier.

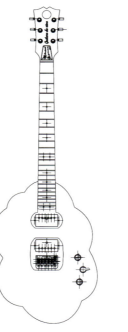
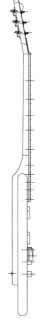

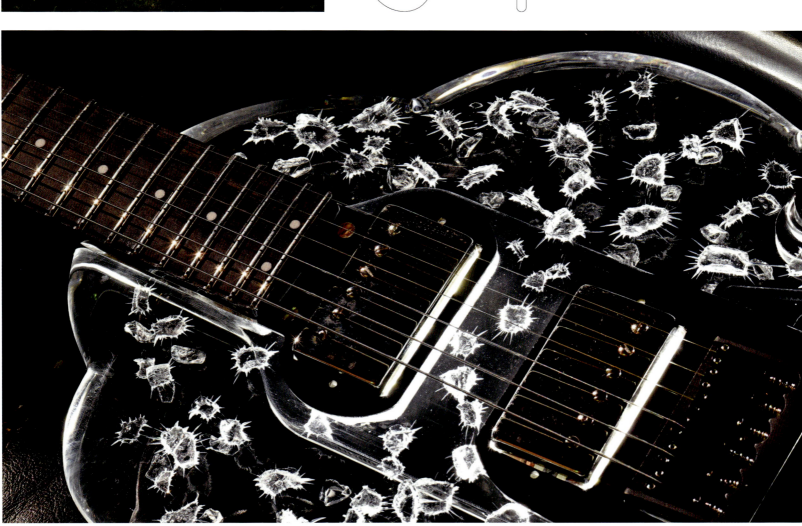

Papillon

Composée de bois et de verre, cette maison (projet) modulaire et écologique verra le jour en 2024-2025. Le toit inversé permet le recueillement des eaux de pluie (qui seront filtrées par la suite). Comme son nom l'indique, sa forme est inspirée de celle d'un nœud papillon.

Made of wood and glass, this modular, eco-friendly house (project) will see the light of day in 2024–25. The inverted roof collects rainwater, which is then filtered. As its French name suggests, its shape is inspired by that of a bow tie.

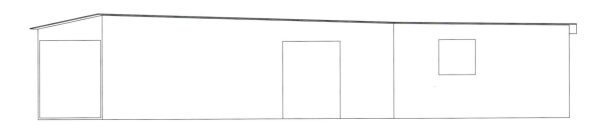

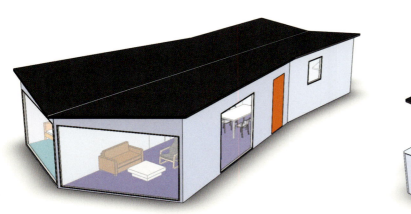

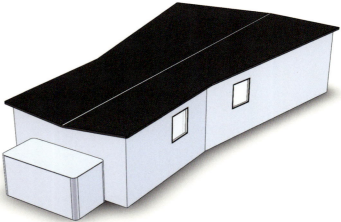

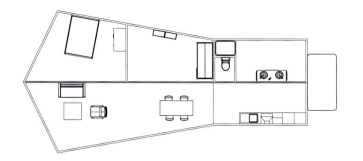
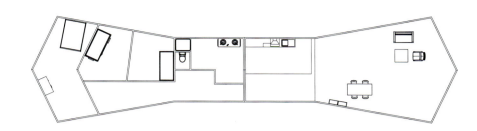

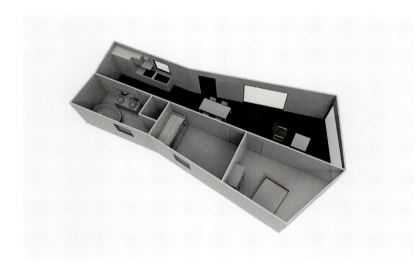
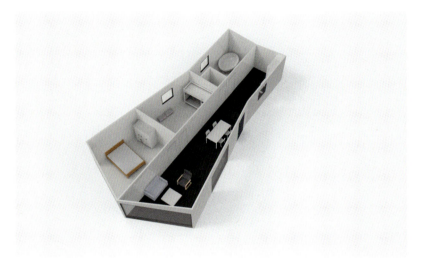

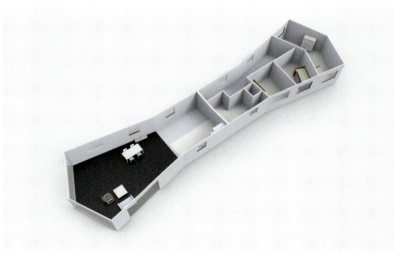

Nature
Nature

Des flâneries imaginaires aux voyages bien réels, de la lande océanique à la jungle asiatique, la nature est une puissante source d'inspiration pour Thomas Bastide.

Be it on imaginary wanderings or real journeys, be it over Atlantic heathlands or in the jungles of Asia, nature has always been a powerful source of inspiration for Thomas Bastide.

Hekla
Bleu Nature | 2012
Détail du lampadaire Detail of the floor lamp

Ses ascendances basques et suédoises ne cessent de se rappeler à lui, à travers l'eau, les vagues, les arbres, sans oublier les animaux. La nature offre un répertoire inépuisable de formes et d'effets de matière qui parlent tant à l'homme qu'à l'artiste.

Mi-objet, mi-sculpture, Racines représente ainsi, à partir d'un magma de racines inextricables, un arbre en croissance qui, par mirage, prend la forme d'un pachyderme. Thomas Bastide a réalisé cette œuvre en 1991 après avoir entrepris la traversée de l'île de Sumatra à pied, soit un long périple de cinq semaines où il fut confronté au gigantisme de la nature et à la vie sauvage. Il en a éprouvé un profond sentiment de liberté, traduit par le traitement de la matière, comme le serait un bloc de pierre ou de marbre né d'une taille directe.

Une même spontanéité se retrouve dans la pièce Crocodile sauvé du Nil, datée de 1996 et qu'il a lui-même sculptée au jet de sable selon une technique apprise auprès des verriers Gilles Chabrier et Michael Glancy. L'exploration de la nature mène aussi à des objets plus consensuels, ayant une filiation avec le design scandinave cher au créateur. L'une des références de Thomas Bastide est le vase Savoy d'Alvar Aalto qui serait né de l'observation d'une flaque d'eau ou du contour sinueux et ondulé d'un lac finlandais. Ce design organique s'exprime, entre autres, dans les lignes de la collection Ginkgo, dessinée au début des années 1990 pour la Manufacture Baccarat. À partir d'une feuille stylisée de ginkgo biloba – un arbre millénaire, choix symbolique –, Thomas Bastide a imaginé plusieurs vases plus ou moins évasés offrant la possibilité de déployer entièrement des fleurs à l'intérieur, afin de créer une véritable symbiose entre le végétal et le cristal. Une manière apaisée de révéler la force expressive de la nature, alors que de multiples dangers la guettent...

Dont la pollution, dénoncée par le créateur à travers la sculpture *Moïse*, où un amalgame de béton, plastique et goudron menace de l'eau claire, figurée par un bloc de cristal déjà très accidenté.

Une œuvre prophétique imaginée il y a plus de trois décennies.

His Basque and Swedish ancestry present him with constant reminiscences of water, of waves and trees, not to mention animals. Nature offers an inexhaustible repertoire of forms and material effects that speak to the man as much as to the artist.

Half-object, half-sculpture, Racines figures a tree growing out of a magma of inextricable roots, which, in the way of a mirage, adopts the form of a great pachyderm.

Thomas Bastide created the piece in 1991 after walking across the island of Sumatra, an arduous journey of some five weeks during which he confronted the immensity of nature and its wildlife. The profound feeling of freedom he experienced there is conveyed by his treatment of the material, like a block of stone or marble born from direct carving. The same spontaneity recurs in the 1996 piece Crocodile Sauvé du Nil which Bastide sculpted himself using a sandblast technique learned from glassmakers Gilles Chabrier and Michael Glancy.

The exploration of Nature has also spawned less extreme objects derived from the Scandinavian design tradition he holds so dear. One of Thomas Bastide's seminal references is Alvar Aalto's Savoy vase whose starting point is said to have been a pool of water or the rugged, sinuous contour of a Finnish lake. Such organic design finds its expression, among others, in the lines of the Gingko collection, a brainchild of the early 1990s for the Baccarat Manufacture. On the basis of the stylized leaf of Ginkgo biloba—a symbolic choice in that this tree can live a millennium—Thomas Bastide designed several more or less flared vases that can contain fully unfurled flowers, thereby creating a complete symbiosis between plant and crystal. A peaceable way to assert the expressive power of Nature at a time when she is threatened by myriad dangers. . . .

One of these—pollution—is denounced in the sculpture *Moses*, in which an amalgam of concrete, plastic and tar looms over clear waters represented by a rough and uneven block of crystal.

This prophetic work was imagined more than three decades ago.

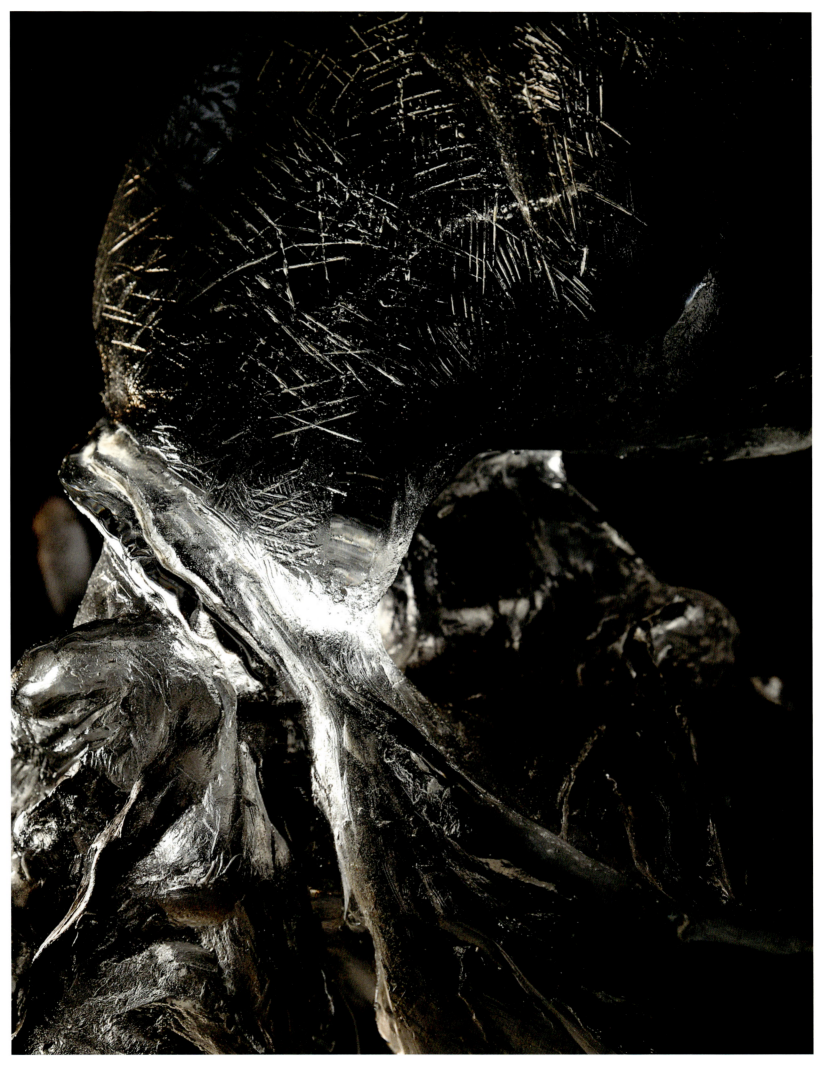

Racines

Baccarat | 1991

C'est à la suite de la traversée
de la jungle de Sumatra en 1989
avec le designer Laurent Del Bianco
que Thomas Bastide a réalisé
cette sculpture en cristal, éditée
à douze exemplaires.
Le croquis a été réalisé à Sumatra.
Le modèle a été élaboré en terre
puis en plâtre. Cristal obtenu selon
la technique de la cire perdue.
Thomas Bastide created this crystal
sculpture, issued in an edition of
twelve, after crossing the Sumatran
jungle in 1989 with designer Laurent
Del Bianco.
The sketch was made in Sumatra.
The model was crafted in clay
and then plaster, and the crystal
was produced using the lost-wax
technique.

Espadon Voilier

Baccarat | 1991

Requin

Baccarat | 1989

Bas-relief (avant-projet) et figure
en cristal. Esquisses puis maquettes
en plâtre. Très soucieux du détail,
Thomas Bastide réalise toujours
un minutieux travail préliminaire.
Bas-relief (preliminary project)
and crystal figure with swordfish,
sailboat and shark. Sketches,
then plaster models.
With his painstaking attention
to detail, Thomas Bastide always
undertakes meticulous studies
upstream.

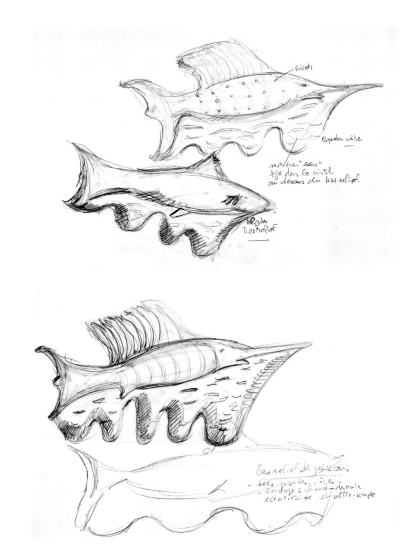

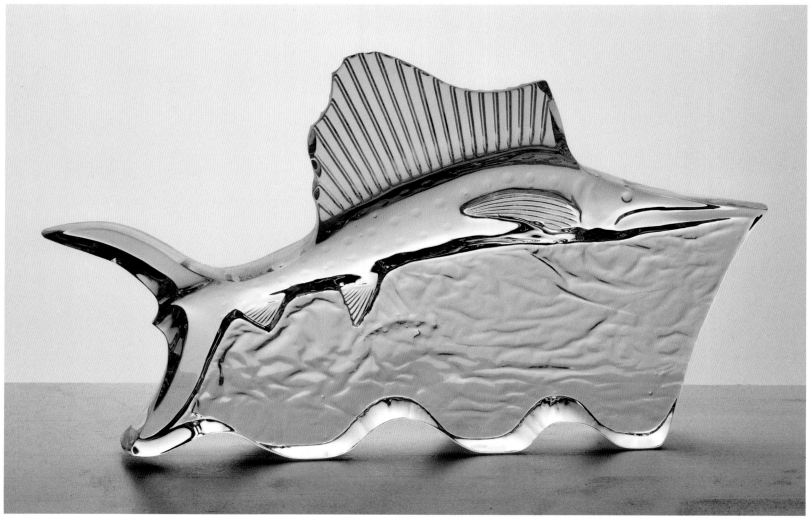

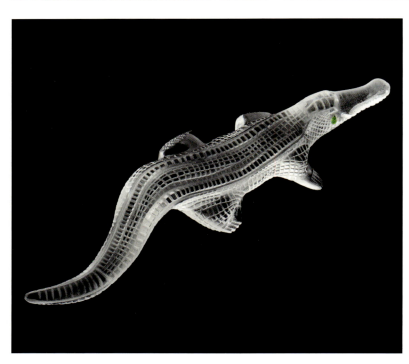
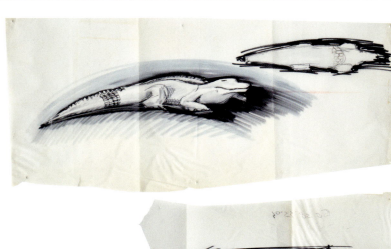
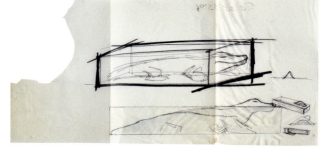

Crocodile

Baccarat | 1990-1992

Objet décoratif et bouchon de
flacon. Déclinaison autour du thème
du crocodile, l'objet et le bouchon
de flacon sont en cristal.
Decorative object and bottle stopper.
A variation around the theme
of the crocodile, both the object
and stopper are in crystal.

Crocodile sauvé
du Nil

Baccarat | 1992

Sculpture en cristal clair et vert
renfermant un vase. Thomas Bastide
apprécie la texture de la peau du
crocodile, évoquant ici l'empreinte
d'un pneu dans la terre.
Sculpture of a crocodile saved from
the Nile in clear and green crystal
enclosing a vase. Thomas Bastide
has always been fond of the texture
of crocodile skin, redolent of a tire
print in the earth.

Hekla
Bleu Nature | 2012

Collection de lampadaires et bouts
de canapé. En bois brûlé résiné
et inox poli miroir. L'aspect du bois
brûlé est proche de celui de la peau
d'un reptile.
Collection of floor lamps and sofa
extensions in resinated burnt wood
and mirror-polished stainless steel.
Burnt wood looks remarkably like
reptile skin.

« J'ai eu plaisir à collaborer avec Thomas
Bastide autour d'un thème qui nous est
cher : l'usure du temps. Il a su l'interpréter
avec audace et sans nostalgie à travers
le lampadaire Hekla en associant du bois
brûlé à de l'inox laqué... car il aime aussi
la sophistication ! »
"I had the pleasure of working with
Thomas Bastide on a theme dear to us:
the vicissitudes of time. He was able
to interpret it boldly and without nostalgia
in the Hekla floor-lamp that combines
burnt wood with lacquered stainless steel ...
because he also likes sophistication!"

—
Frank Lefebvre
Fondateur et directeur artistique de Bleu Nature
Founder and Artistic Director of Bleu Nature

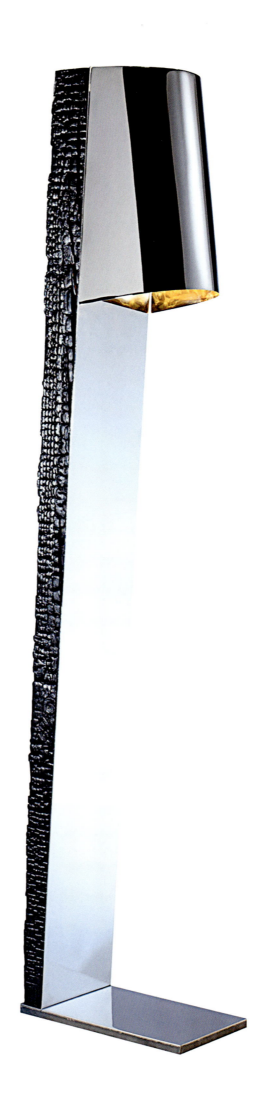

Texture of the sky

Baccarat | 1998-2008

Vase en cristal sculpté au jet de sable, mariage parfait du travail de l'artisan et de celui du designer. Une centaine d'exemplaires de ce vase existent, tous uniques. Ils symbolisent le vent, source d'inspiration éternelle dans l'œuvre de Thomas Bastide.

A sandblasted crystal vase and the perfect marriage of craftsmanship and design. There are around one hundred of these vases, each unique. They symbolize the wind, an eternal source of inspiration in Thomas Bastide's oeuvre.

Texture of the sky

Baccarat | 1998-2008

Tournesol, Menthe

Baccarat | 1996 | 1995

Vases en cristal.
Crystal vases.

Bouquet

Baccarat | 1994

Avant-projet en cristal.
Ce sont davantage les feuillages
que les fleurs elles-mêmes qui
ont inspiré Thomas Bastide pour
ces trois vases.
Preliminary model in crystal.
Thomas Bastide's inspiration for these
three vases came more from foliage
than from a bunch of flowers.

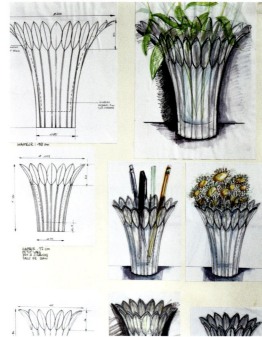

Sac d'or et sac d'air pur
Sculptures | 2021-2024

Sac de ciment durci, laissé dans la nature puis recouvert de peinture or. Hommage de Thomas Bastide à l'artiste italien Giuseppe Penone et au mouvement de l'Arte Povera. Ces œuvres sont nées du confinement.
A bag of hardened cement, left out in the open, then painted gold. Thomas Bastide's tribute to the Italian artist Giuseppe Penone and the Arte Povera movement. Both works saw the light of day during lockdown.

Le jour se lève et se couche
Peinture à l'huile | 2020
Oil painting | 2020

Nature contre Architecture
Sculpture | 1990

Le combat mené par l'homme (les dégâts de la pollution – les marées noires, par exemple) contre la nature, qui reprend toujours ses droits.
The battle waged by humankind against nature (the damage caused by pollution—oil spills, for example), which, in the end, always gains the upper hand.

Le Dieu du vent
Sculpture | 2005

Moïse
Sculpture | 1991

« Mon thème est la mer : elle me fascine (je parle de celle qui bouge). Emprisonner une vague, figer un mouvement d'eau, accentuer le relief et la profondeur des abîmes, telle est ma volonté intégrale. Le transfert, le choix des matériaux guide l'acte : celui de casser du verre, du cristal, des blocs de verre de couleur, puis de composer une palette avec ces débris avant de les mettre au four. J'aime imaginer au préalable ce qui va se passer lorsque la température va s'élever jusqu'à 850 °C, penser à nouveau aux vagues fulgurantes qui menacent un récif, attendre une semaine avant d'ouvrir la porte du four. Après ces premiers gestes où le hasard a un rôle important, un travail plus fastidieux commence : c'est l'érosion due au jet de sable, des accents nerveux donnés à coups de scies diamantées. Quelques touches de béton, de métal (inox ou rouille), viennent donner une ponctuation et une assise à ce vacarme. »
"My theme is the sea: it fascinates me (I mean the sea that moves). Imprisoning a wave, capturing water in motion, accentuating the relief and the depth of the abyss: that's the be-all and end-all of what I want to do. The transfer and the choice of materials guides the act: breaking glass, crystal, blocks of colored glass; and then composing a palette in preparation to putting them all in the kiln. I like to picture beforehand what is going to happen when the temperature soars to 850°C (1600F), thinking back again to the heaving waves pummeling a reef, then waiting a week before easing open the furnace door. After these initial acts in which chance plays a determinant role, a more onerous task begins: wearing it down with the sandblaster, sinewy accents applied with diamond-tipped saws. A few touches of concrete and metal (stainless steel or rust) add punctuation and offer a firm base to all this upheaval."
—
Thomas Bastide

BUREAU

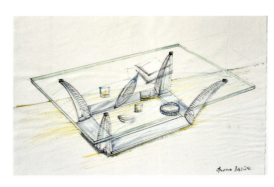

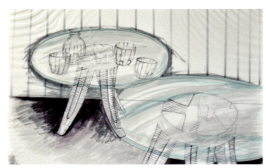

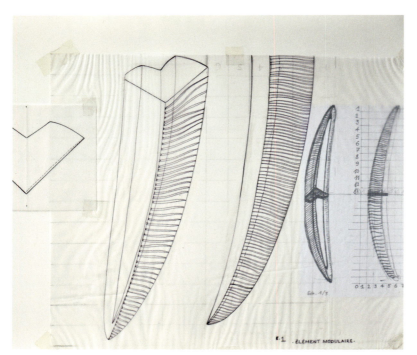

E.1 - ÉLÉMENT MODULAIRE.

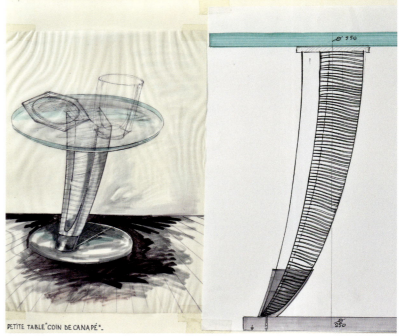

PETITE TABLE "COIN DE CANAPÉ".

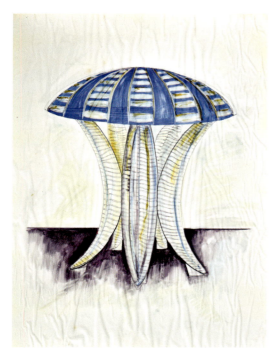

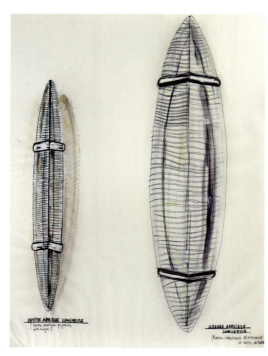

PETITE APPLIQUE LUMINEUSE

GRANDE APPLIQUE LUMINEUSE

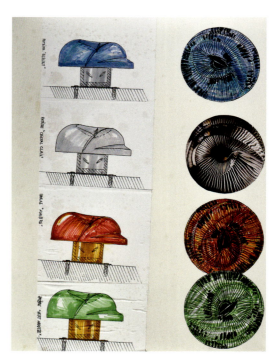

136

Empreinte

Baccarat | 1991-1992

Collection de luminaires, sellettes,
tables et bureau (cristal).
Collection of lighting fixtures, stools,
tables and desk (crystal).

Empreinte

Baccarat | 1991

Avant-projet de lustre.
Prototype design for a chandelier.

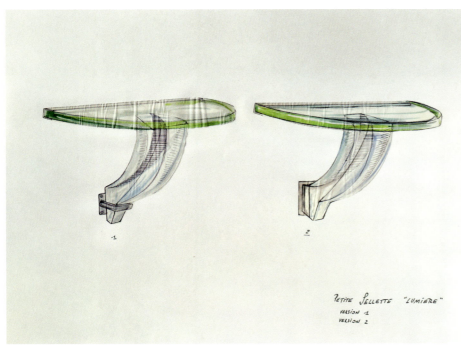

Petite Sellette "Lumière"
Version 1
Version 2

Empreinte

Baccarat | 1991-1992

Poignées de porte. Collection
en cristal clair ou coloré.
Door handles. Collection in either
clear or colored crystal.

Aigle

Baccarat | 1988

Pièce sculpturale. Le rapace en cristal regarde vers la droite, comme sur un billet d'un dollar ! Maquettes en plâtre et résine.
Sculptural piece. The crystal eagle looks to the right, as on the dollar bill! Models in plaster and resin.

Générosité

Baccarat | 1991-1992

Vase en cristal taillé sur un seul côté afin que la masse se réfléchisse dans tout l'objet. Ces deux feuilles de bananier ont été inspirées à Thomas Bastide par un voyage dans les Caraïbes.
Crystal vase cut on just one side so that the mass is reflected through the whole object. The pair of banana leaves was inspired by a trip Thomas Bastide made to the Caribbean.

Réinventer un classique
Reinventing a classic

Réinventer un classique est un exercice à la fois périlleux et quasiment incontournable pour un créateur, qui rejoint alors la grande famille de ses pairs, jadis confrontés à ce même rite d'initiation. Il ne faut pas plagier, mais bien s'inscrire dans un esprit de suite, à la manière de la marinière de Jean Paul Gaultier, spontanément citée par Thomas Bastide.

Though perilous, the exercise of reinventing a classic is almost inescapable for a designer if he wants to join the extended family of his peers, who have all at one time or another submitted to this rite of initiation. The point is not to plagiarize but to follow a spirit of continuity, in the manner of Jean Paul Gaultier's *marinière* sailor's top, an example Thomas Bastide recalls spontaneously.

Diamant
Baccarat | 2003
Détail du verre Detail of the glass

Durant sa longue carrière, ce dernier a aimé et su relever le défi pour de nombreuses marques, en questionnant attentivement leur histoire, mais en prenant soin de ne pas faire ressentir le poids de leur passé pourtant très riche, surtout lorsqu'il s'agissait de l'univers du luxe. Il a toujours associé la réinvention d'un classique à une part de rêve. C'est particulièrement le cas pour le flaconnage, où contenu et contenant participent d'une même expérience sensorielle. Au début des années 2000, Thomas Bastide a dessiné plusieurs flacons à cognac pour la Maison Hennessy. Ces objets en cristal, à la fois écrins et joyaux, sublimaient le précieux élixir et ses teintes ambrées. Dans ce même esprit, le designer a imaginé en 2023 différents flacons de parfum pour la Maison Psyché (appartenant au groupe Rémy Cointreau, dont elle partage les valeurs d'alchimie, d'accord et de savoir-faire artisanal rare). Remarquables par leur perfection formelle inspirée du néo-classicisme et du style Empire, ils conjuguent la tradition de la haute cristallerie avec celle du décor à l'or fin. Dès la fin des années 1980, qui marquent le début de sa longue collaboration avec la Manufacture Baccarat, le créateur a eu l'opportunité de questionner d'autres formes à symbolique forte. Ainsi du motif intemporel du cœur, dont il s'est emparé pour créer une longue série de bijoux en cristal : cœur à faces bombées, cœur se déployant comme un pétale, cœur à surface aplatie et gravée de rinceaux, cœurs en duo entrelacés, cœur rendu géométrique par un jeu d'angles droits… De la version romantique à la version rock'n'roll (modèle Rocky Heart !), toutes les métamorphoses furent de tels succès que d'autres prestigieuses enseignes, dont les orfèvres Christofle et Odiot, lui confièrent aussi cet exercice, pour des cœurs en argent massif cette fois-ci.

En 1993, Baccarat propose à Thomas Bastide de créer une croix chrétienne qui, sous l'effet de son imagination, deviendra… occitane ! Mais cet emblème du sud de la France figurant déjà, à ce moment-là, dans le répertoire couture de Christian Lacroix, chantre d'une Provence baroque et poétique, Thomas décide que sa croix ne sera occitane que « par accident » : il supprime les boules ornant traditionnellement l'extrémité des quatre branches, qu'il associe dorénavant aux quatre points cardinaux. La magie colorée du cristal, qui peut tour à tour prendre les teintes de différentes pierres précieuses – émeraude, saphir, rubis, topaze ou tourmaline – parachève la métamorphose.

L'exercice de style nécessite une certaine humilité, selon Thomas Bastide, un « esprit de famille et de transmission ». Ainsi, le nouveau classique peut parfaitement s'harmoniser avec son aîné : pas de querelle entre les anciens et les modernes. Guidé par ce postulat, le designer a pu, à plusieurs reprises, se confronter à une création emblématique de Baccarat : le verre Harcourt. En 1987, il imagine le verre Mercure, de diamètre et hauteur identiques mais doté de cinq côtes plates (au lieu de six pour le Harcourt) et sans bouton sur le pied. Puis, en 2013, ce sera le verre Ève Harcourt, plus ouvert et plus léger que son illustre prédécesseur. Tous ces modèles cohabitent à merveille et participent au dynamisme de la Manufacture et de son matériau séculaire, le cristal.

Il arrive aussi qu'une matière, cette fois-ci contemporaine et révolutionnaire, permette de bousculer, voire de détourner, un classique. Tel est le cas du Dacryl – verre de synthèse français d'une incomparable résistance à la chaleur, à la lumière naturelle et aux intempéries – qui, en 2018, a inspiré à Thomas Bastide le lustre Dream. Évoquant la forme des lustres à pampilles du XVIIIe siècle, ce luminaire d'extérieur nous permet de remonter le temps tout en restant, doublement, dans l'air du temps !

Throughout his long career, he has taken up the challenge laid down by many famous brands, poring over their history but without burdening himself with the weight of their opulent past, especially in the case of luxury goods. He has always believed that breathing new life into a classic should not prevent the mind from dreaming. This is particularly the case with bottles, where content and container should form two aspects of the same sensory experience. In the early 2000s, Thomas Bastide designed several cognac bottles for Hennessy. Cut from crystal, they exalt the precious elixir and its amber glow—at once jewel-box and the jewel within. In like spirit, in 2023, the designer dreamed up a variety of perfume bottles for Maison Psyché, now part of the Rémy Cointreau group, whose values of alchemy, harmony and exquisite craftsmanship he shares. Remarkable for a formal perfection inspired by neoclassicism and the Empire style, they combine the tradition of high-end crystal work with that of fine gold decoration.

At the end of the 1980s, when his enduring collaboration with the Baccarat factory began, the designer was afforded the opportunity to investigate other strongly symbolic forms. He turned to the timeless sign of the heart for a substantial line of crystal jewelry: hearts with two curved sides, hearts unfolding like petals, hearts with flattened surfaces engraved with trails of foliage, duets of intertwined hearts, and hearts afforded a geometrical twist with 90° angles. From the romantic to a more rock n'roll version (Rocky Heart!), all these metamorphoses proved so successful that other prestigious brands, including goldsmiths Christofle and Odiot, opened their books to him for a range in the same spirit, this time in solid silver.

In 1993, Baccarat commissioned Thomas Bastide to create a Christian cross, a form which, in his imagination, became…. Occitan! Since this emblem of the south of France already featured in the couture repertory of Christian Lacroix, that tireless champion of a baroque and poetic Provence, Thomas opted rather for a cross that would appear Occitan only "by accident." Treating its branches as the four cardinal points, he removed the balls in which they traditionally terminate, completing the metamorphosis with the colored magic of crystal, which, in turn, shimmers with the hue of every variety of precious stone: emerald, sapphire, ruby, topaz, tourmaline, etc. As Thomas Bastide sees it, such exercises in style call for a certain humility, a "sense of family and of transmission." Thus, new classics harmonize perfectly with their forebears; there should be no quarrel between old and new. Guided by this principle, the designer has even tackled that iconic Baccarat creation, the Harcourt glass. In 1987, he designed the Mercure, a glass identical in diameter and height, but with five flat sides (instead of the Harcourt's six) and without the knop on the foot. Then, in 2013, came the Ève Harcourt glass, wider and lighter than its illustrious predecessor. Coexisting happily, all these models add fresh impetus to the brand and to its long-treasured material, crystal.

It may be though that a contemporary and revolutionary material updates or imposes a novel twist on a classic. This happened with Dacryl—a French-made synthetic glass with incomparable resistance to heat, natural light and the vagaries of climate—which, in 2018, lay behind the creation of the Dream chandelier. Reminiscent in form of eighteenth-century models with pendants or drops, it is an exterior light which, if it echoes times past, nonetheless keeps up with the times.

Croix occitane
Baccarat | 1993
Pendentif en cristal Crystal pendant

Tango

Baccarat | 2001-2012

Chevalières et collier.
Seal rings and necklace.

Croix Guet-apens

Baccarat | 1998

Croix en cristal, et pavage
de citrine et or.
Crystal "ambush" cross,
set with citrine and gold.

Croix occitane

Baccarat | 1993

Pendentifs en cristal. Cette croix
symbolise la paix, les quatre
points cardinaux, toutes les religions
du monde.
Crystal pendants. Occitan Cross
symbolizing peace, the four cardinal
points and all the world's religions.

Boucles d'oreilles, chevalière, broche,
pendentifs et bracelet.
Earrings, seal ring, pin, pendants
and bracelet.

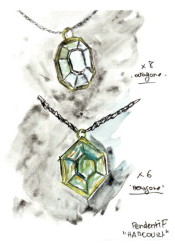

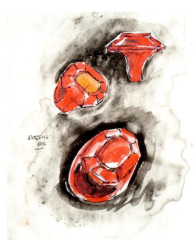

Louxor

Baccarat | 2017-2024

Cette collection iconique comprend de nombreuses pièces. Son esprit Art déco la rend intemporelle.
This iconic collection includes numerous pieces. Its Art Deco spirit makes it timeless.

Piano

Editions | 1992

Collection de mobilier (bureau, console, table basse). Les lignes de ces meubles s'inspirent du style Napoléon III, qui a façonné Biarritz, la ville des souvenirs d'enfance du designer.

Furniture collection (desk, console table, coffee table). The lines of this furniture are inspired by the Napoleon III style that shaped Biarritz, the city of the designer's childhood memories.

Ondulations

Pleyel | 2013

Étude de piano réalisée en 2013 peu de temps avant la fermeture des ateliers Pleyel. Thomas Bastide avait imaginé 7 pieds à 3 roulettes, soit 21 roulettes, afin de pouvoir danser avec l'instrument tout en jouant du piano !

Study for a piano created in 2013 shortly before the closure of the Pleyel workshops. Thomas Bastide had dreamed of seven legs with three castors, i.e. 21 castors in all, the idea being to dance with the piano while playing it!

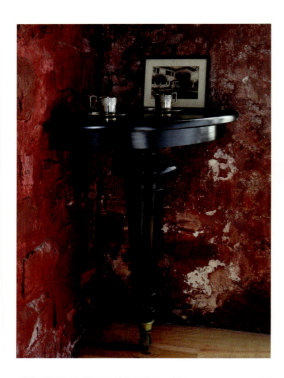

151

Amphore
Maison Psyché

Rémy Cointreau | 2023-2024

Flacon de haute parfumerie en cristal
(Baccarat) et vermeil (Monnaie
de Paris).
Haute parfumerie bottle in crystal
(Baccarat) and vermeil (Monnaie
de Paris).

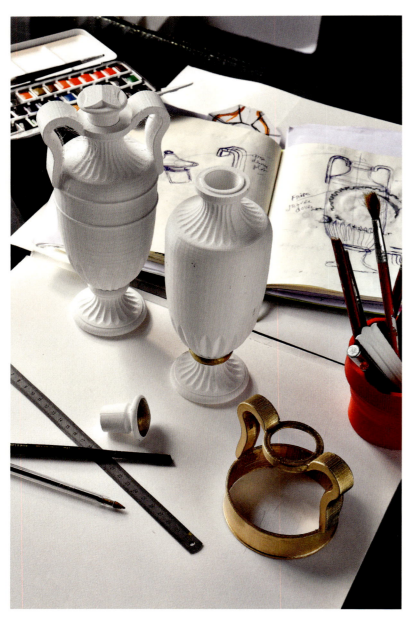

Maison Psyché

Rémy Cointreau | 2022

Croquis et flacon de haute parfumerie
en cristal (Baccarat) doré à l'or fin,
plaque en or 18 carats.
Sketch and luxury perfumery bottle
in Baccarat crystal gilded with fine
gold and plated with 18-carat gold.

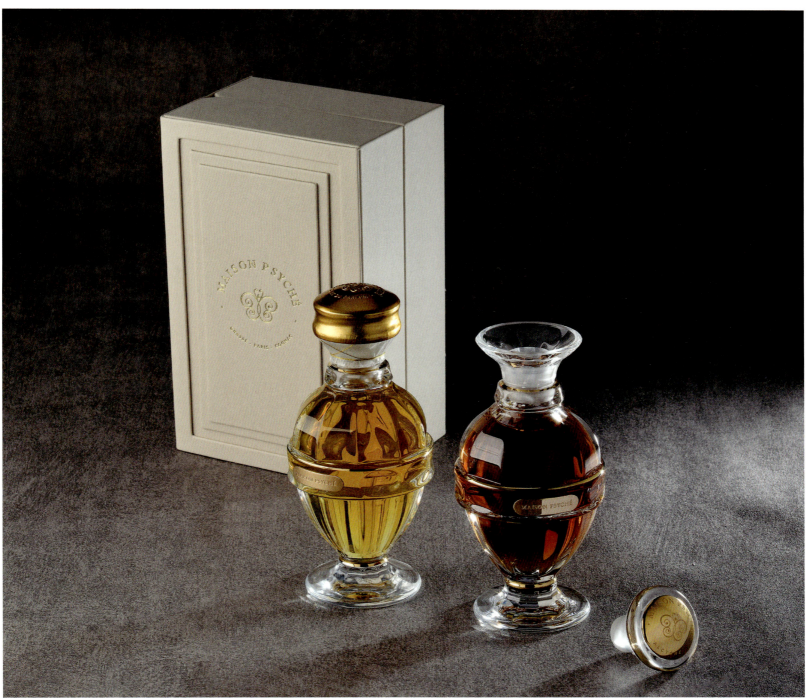

Maison Psyché
Rémy Cointreau | 2023-2024

Inspirée du style Médicis, cette fontaine à parfum, pièce exceptionnelle, est en cristal (Baccarat), avec une monture en bronze doré (Rémy Garnier).

Inspired by the Medici style, this perfume fountain is an exceptional piece made of Baccarat crystal with a gilded bronze mount (Rémy Garnier).

« Pour notre maison de haute parfumerie, développée au sein du groupe Rémy Cointreau, collaborer avec Thomas Bastide était une évidence. Il connaît parfaitement les codes du luxe et a imaginé des flacons d'une folle élégance. »

"For our high-end perfume brand, evolving within the Rémy Cointreau group, collaborating with Thomas Bastide seemed inevitable. With his perfect grasp of the language of luxury, he has designed some crazily elegant bottles for us."

—
Francesco Riosa
Directeur général de Maison Psyché
General Manager at Maison Psyché

Dream

Dacryl | 2013-2024

Collection de luminaires indoor et outdoor (lampe à poser, applique et lustres) en Dacryl, verre de synthèse, avec des inclusions de feuilles d'or, d'argent, pétales de rose, herbes et cristal.

Collection of indoor and outdoor lighting fixtures (table lamps, sconces and chandeliers) in Dacryl, synthetic glass with inclusions of gold leaf, silver leaf, rose petals, herbs and crystal.

« Thomas Bastide a su inscrire le verre de synthèse, matière résolument novatrice, dans l'univers du luxe. À travers la création de beaux luminaires, il en a tout de suite perçu les potentialités, tant pour l'intérieur de la maison que pour l'extérieur. »

"Thomas Bastide has succeeded in ushering synthetic glass, an indisputably innovative material, into the world of luxury goods. Creating some gorgeous lighting fixtures, he immediately perceived its potential, as much for inside the home as for outside."

—
Gilbert Meyer
Fondateur de Dacryl
Founder of Dacryl

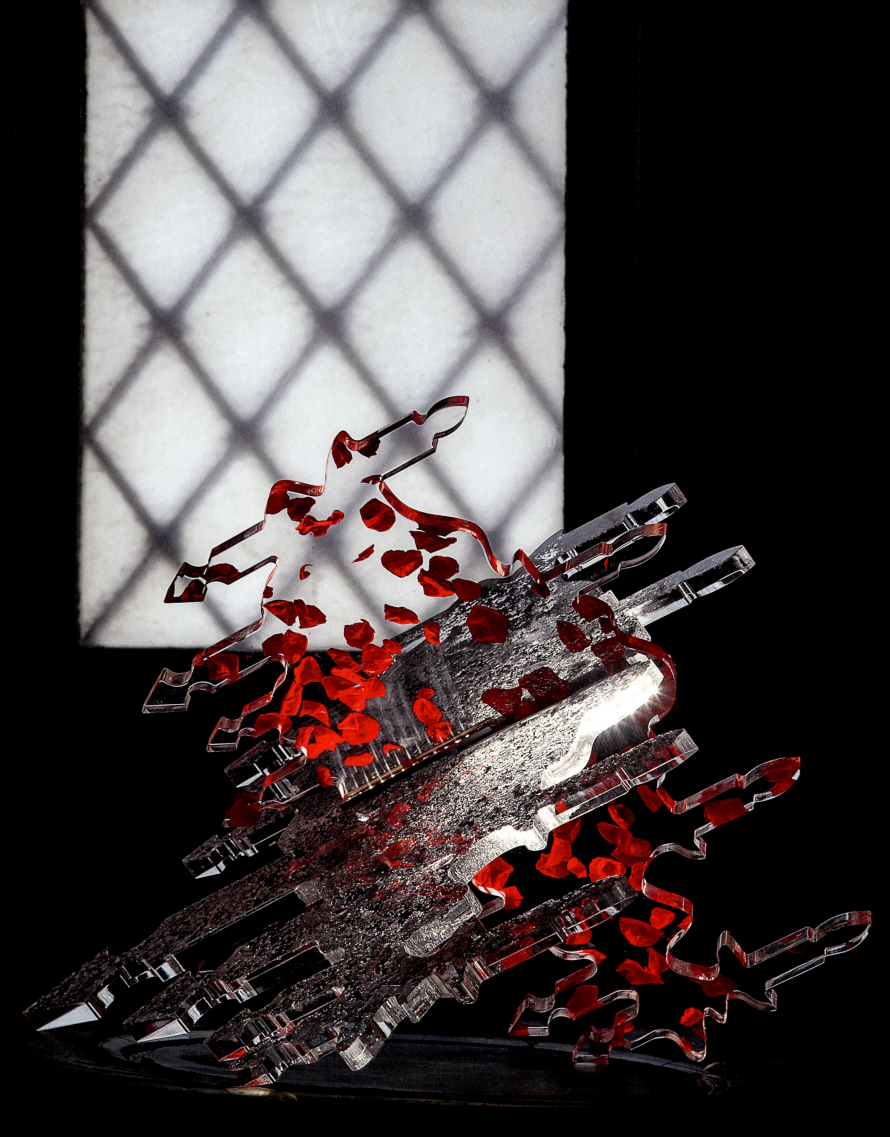

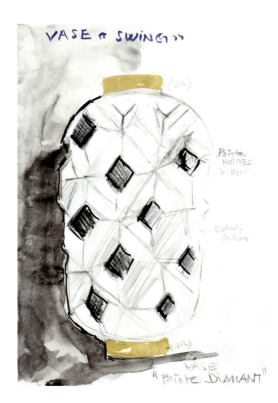

VASE « SWING »

VASE
"POINTE DIAMANT"

Les motifs en relief de ces vases et coupes en céramique (Faïencerie de Charolles) évoquent ceux de la taille du cristal.

The relief patterns on these ceramic vases and bowls (Faïencerie de Charolles) are redolent of cut crystal.

Zhamanak, Chochanak
Cub-Ar | 2016-2017

Pendulettes en obsidienne noire.
Desk clocks in black obsidian.

Losange
Cub-Ar | 2016-2017

Bougeoirs en obsidienne noire.
Affinée à l'extrême, la forme
laisse apparaître les zébrures et
la transparence de la matière.
Black obsidian candlesticks.
Refined to the extreme, the form
reveals the zebra stripes and
all the transparency of the material.

Émeraude

Alcasté | 2017-2024

La forme de ce coffret à montres et bijoux en ébène de Macassar est inspirée de l'émeraude taillée. Le dessin à l'or évoque une griffure de lynx stylisée.

The shape of this Macassar ebony watch and jewelry box is inspired by cut emerald. In gold, the pattern alludes to a stylized lynx claw mark.

Pirate

Alcasté | 2020-2024

Coffret à trésors et souvenirs pour
enfants en ébène de Macassar, poirier
et cuir de veau. Intérieur en toile
de Jouy rose ou bleue. Chaque détail
est d'une sophistication inouïe.
Children's treasure and keepsake
box in Macassar ebony, pearwood,
and calf leather. Pink or blue
toile de Jouy interior. Every detail
is of a dazzling sophistication.

Mercure
Baccarat | 1987

Plusieurs prototypes et avant-projets.
Service de verres en cristal.
Ce modèle asymétrique reprend
les codes du verre Harcourt, avec
un pied pentagonal.
Several prototypes and preliminary
designs. Set of glasses and decanters
in crystal. This asymmetrical model
is based on the Harcourt glass, with
a pentagonal stem.

Service
à petit déjeuner

Baccarat | 1984

Confiturier, sucrier, beurrier, pichet
à lait ou jus d'orange et verre.
La première collection importante
de Thomas Bastide pour la célèbre
manufacture.
Jam dish, sugar bowl, butter dish,
milk or orange juice jug and glass.
Thomas Bastide's first major collection
for the famous manufactory.

Opéra

Baccarat | 1990

Service de verres et carafes
en cristal.
Set of glasses and decanters
in crystal.

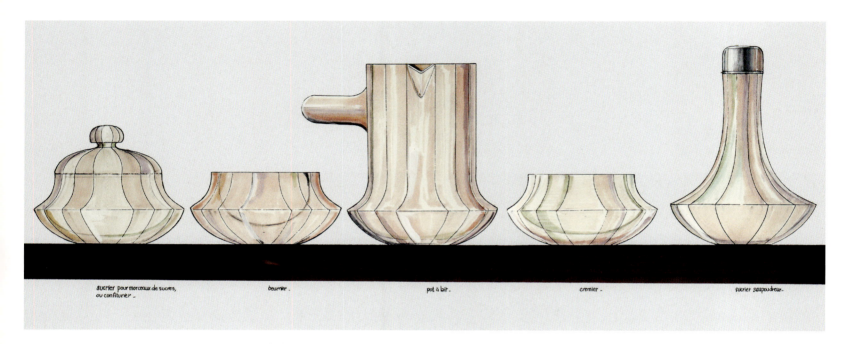

sucrier pour morceaux de sucres, ou confiturier _   beurrier _   pot à lait _   crémier _   sucrier saupoudreur _

169

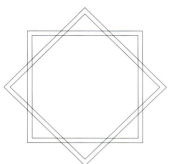

Bouquet
Baccarat | 1995

Vase en cristal dont la forme, classique, est inspirée de deux carrés superposés, puis «stretchée» suivant un profil.
A crystal vase whose classical form is inspired by two squares superimposed and then "stretched" upwards.

Malmaison
Baccarat | 1989

Encrier et pendulette en cristal, jeu de masses et de transparences.
Crystal inkwell and pendulette clock: mass plays with transparency. . . .

Pluton
Baccarat | 1987

Service de bar de forme à la fois cubique et cylindrique.
Bar service, at once cubic and cylindrical.

Harcourt
Baccarat | 1990

Premier vase en cristal de la célèbre ligne Harcourt.
The first crystal vase from the famous Harcourt line.

Balustre
Baccarat | 2014

Vase néoclassique revisité.
A neoclassical vase revisited.

Eve Harcourt
Baccarat | 2013

Service de verres et gobelets réinterprétés.
Refashioned glass and goblet service.

Diamant

Baccarat | 2014

Verres et gobelets entre classicisme et modernité.
Glasses and goblets somewhere between classicism and modernity.

Symphonie

Baccarat | 1989

Avant-projet pour la collection de verres et de bar. Une association esthétique entre le motif horizontal donné par le verrier et le motif vertical créé par le tailleur.
Preliminary design for a collection of glasses and barware. An aesthetic blend of the horizontal pattern left by the glassmaker and the vertical pattern created by the engraver.

Louxor

Alain Saint-Joanis | 2015

Couverts en argent, vermeil et résine noire.
Cutlery in silver, vermeil and black resin.

« Thomas Bastide est un motard-designer brillant ! Il a tout de suite su s'adapter à l'esprit de notre maison de coutellerie en dessinant trois modèles de couverts qui ont eu un franc succès, le Louxor notamment, audacieuse association de métal argenté et de résine. »
"Thomas Bastide is a brilliant designer. . . . and biker! He immediately demonstrated how he could adapt to the spirit of the House in designs for three models for cutlery that proved a huge success—the Louxor in particular, a daring combination of silver-plated metal and resin."
—
François Saint-Joanis
Président d'Alain Saint-Joanis
Chairman of Alain Saint-Joanis

S.^{ce} SYMPHONiE.

Au placard

Fermob | 2023-2024

L'histoire de cette création a germé dans l'imaginaire de Thomas Bastide il y a trente ans. Différents projets et prototypes ont été réalisés, pour finir par cette chaise bistrot datée de 1889.

The story of this creation germinated in Thomas Bastide's imagination thirty years ago. Various projects and prototypes were produced, culminating in this bistro chair dating from 1889.

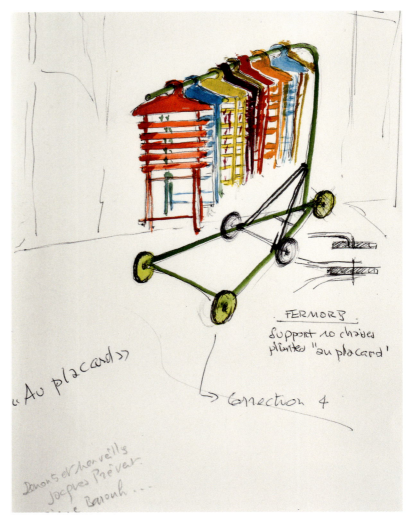

« Thomas Bastide et moi partageons une admiration commune pour Pascal Mourgue, qui fut longtemps le designer exclusif de Fermob. Comme lui, Thomas sait observer et s'intéresse aux procédés de développement et de fabrication des produits. Il comprend aussi les enjeux stratégiques et commerciaux des entreprises... C'est une qualité très appréciable chez un créateur. »

"Thomas Bastide and I share a common admiration for Pascal Mourgue, who was Fermob's exclusive designer for many years. Like him, Thomas is a keen observer and is interested in product development and manufacturing processes. He also understands the strategic and commercial policies of a business. In a designer this is a very valuable quality."

—
Bernard Reybier
Président de Fermob
Chairman of Fermob

Ponctuel

Chevillotte | 2010

Thomas Bastide a souhaité donner de la légèreté au billard en s'inspirant d'un châssis treillis de moto. Le meuble à jeux se transforme habilement en table.

Wanting to make a lightweight billiard table, Thomas Bastide took inspiration from a motorcycle trellis frame. The games cabinet cleverly transforms into a table.

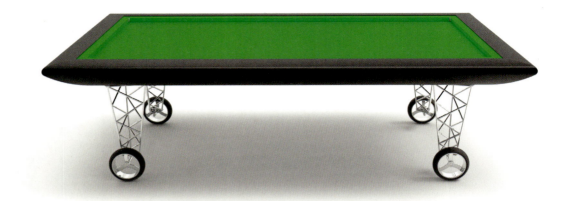

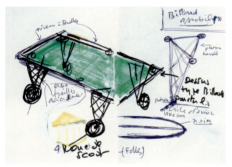

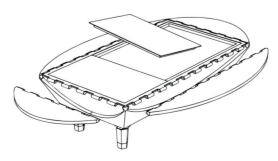

Hexagone, Spirale

Duralex | 2018

Le pari était de créer des verres
élégants à moins de 2 euros
et 100 % français. Les décors sont
à l'intérieur des verres.
The challenge was to create elegant
glasses costing less than €2 (3$/2£)
and 100% French. The decorations
are inside the glasses.

Spirale
Spirals

Par son mouvement dynamique, la spirale est une forme chère à Thomas Bastide. Elle questionne sans cesse son esprit de curiosité et de recherche en s'immisçant dans les thèmes récurrents de son œuvre, que ce soit la nature (la coquille de l'escargot, la structure de la pomme de pin…) ou la mécanique (le moteur en étoile, la spirale dessinée sur les moteurs d'avion…).

Thomas Bastide has long cherished the spiral form for its dynamism. A constant spur to his curiosity and research, it appears in various recurrent themes throughout his oeuvre: in natural forms (such as snail shells or the structure of a pinecone), as well as mechanical ones (the radial engine or the spiral in the center of an aircraft engine).

Bora-Bora
Baccarat | 1995
Détail du coquillage Detail of the shell

Le designer l'a appris dans sa jeunesse, les propriétés géométriques de la spirale sont exploitées dans plusieurs mécanismes créés par l'homme : dans le ressort spiral ou le disque microsillon, par exemple. Elle est aussi le symbole de la vitesse et du possible pour les artistes futuristes, tels Filippo Tommaso Marinetti, auteur du célèbre *Manifeste du futurisme* (1909), ou Giacomo Balla, dont le tableau *Vitesse d'une automobile* représente davantage la vitesse que l'automobile elle-même, par une succession de courbes en spirale produisant une impression de vitesse saisissante. Dessiné par Thomas Bastide en 1996 pour la Manufacture Baccarat, le vase explicitement baptisé Spirale possède cette même force centrifuge. Il est à la fois évidé et composé de deux formes semblant se déployer en sens inverse. L'effet hypnotique qu'il procure rappelle le célèbre ruban de Möbius, découvert au XIXᵉ siècle simultanément par deux mathématiciens allemands, Johann Benedict Listing et August Ferdinand Möbius (dont l'histoire n'a retenu que le nom du dernier) : un ruban à une seule face, dont les deux bords se confondent (l'un étant contenu dans l'autre) et ne font qu'un tout en étant inverses. Dix ans plus tard, Thomas Bastide réinterprète cette forme proche de l'hélice pour créer le moulin à poivre Java, à la demande de la manufacture Peugeot. Le design est plus épuré, « plus scandinave », précise-t-il. Formant un cercle sur le socle, une touche de couleur vive (bleue, rouge ou verte) produit des reflets changeants tout le long de l'objet. La spirale peut aussi naître d'une inspiration plus figurative, voire naturaliste, comme l'atteste la collection Nautile, débutée pour Baccarat en 1990. Thomas Bastide a toujours été intrigué par ce coquillage et fossile mystérieux qui, enchâssé dans des montures d'orfèvrerie, figurait dans les cabinets de curiosités de la Renaissance puis du siècle des Lumières… avant que Jules Verne ne s'inspire de son nom pour baptiser *Nautilus* le sous-marin du capitaine Nemo dans *Vingt Mille Lieues sous les mers*. Le designer a tout d'abord imaginé un objet sculptural taillé dans la masse du cristal – dont les stries révèlent un jeu de brillance et de matité –, avant de le décliner en bijoux pendentifs (qui rencontreront un franc succès).

En 2005, toujours dans le registre de la nature, Thomas Bastide s'est à nouveau appuyé sur la spirale, pour magnifier cette fois-ci le végétal. La collection Gold Berry, imaginée pour l'orfèvre Odiot, est composée d'une coupe à fruits, d'une coupelle, d'un lampion et d'un flambeau en argent massif, sur lesquels se déploie et s'enroule une branche de mûrier en vermeil. Ces pièces subliment le savoir-faire de cette maison française fondée en 1690, qui réalisa de nombreux joyaux pour divers rois et empereurs, dont le sceptre et l'épée du sacre de Napoléon Iᵉʳ. Thomas Bastide propose ainsi une relecture contemporaine de ce style décoratif fastueux, lui insufflant en quelque sorte une nouvelle spirale de vie !

In early youth he learned that the form's geometric properties are exploited in several manmade mechanisms, the helicoid spring, for example, and the LP record. In the hands of Futurist artists such as Filippo Tommaso Marinetti (author of the famous 1909 *Futurist Manifesto*) and Giacomo Balla, whose painting *Speed of an Automobile* sought to represent speed itself rather than the car through a thrilling succession of spiraling curves, the form became a symbol of velocity and potential energy.

Hollowed out and composed of two forms that seem to unfold in opposite directions, the vase simply named Spiral, designed by Thomas Bastide for Baccarat in 1996, evinces a similar centrifugal force. The hypnotic effect produced is redolent of the celebrated Möbius strip, theorized simultaneously by two German mathematicians in the 19th century, Johann Benedict Listing and August Ferdinand Möbius, posterity associating the object uniquely with the latter's name. The surface consists of a ribbon twisted and then conjoined at both ends to form a single side. Ten years later, Thomas Bastide reinterpreted this propeller-like shape in the Java pepper mill, a commission from Peugeot. With cleaner lines, the design appears "more Scandinavian," as he puts it. Forming a circle on the base, patches of bright color (blue, red or green) fire reflections up and down the shaft.

The spiral can also arise in a more figurative or even naturalistic style, as shown in the Nautile collection, on which he started for Baccarat in 1990. He has always been intrigued by this mysterious fossil and shell, which, mounted by goldsmiths, starred in Renaissance and Enlightenment cabinets of curiosities long before Jules Verne borrowed its name for the *Nautilus*, Captain Nemo's submarine in his novel *20,000 Leagues under the Sea*. Thomas Bastide initially designed a sculptural object cut out of a lump of crystal whose striations display a shine and matt pattern before later deploying it in a highly successful range of pendant jewels.

Once again in the natural idiom, in 2005 Thomas Bastide used the spiral form to sublimate the plant world. Created for the silversmiths Odiot, the Gold Berry collection is composed of a fruit bowl, a shallow dish, a table lantern and a candlestick in solid silver over which a branch of vermeil mulberry twists and swirls. These pieces pay tribute to the craftsmanship of this French firm founded in 1690 which produced numerous jewels for kings and emperors, including the scepter and sword for the coronation of Napoleon I. Here, Thomas Bastide offers a contemporary reread of an opulent decorative style, infusing it, as it were, with a new helix of life!

Spirale
Baccarat | 1996-2001

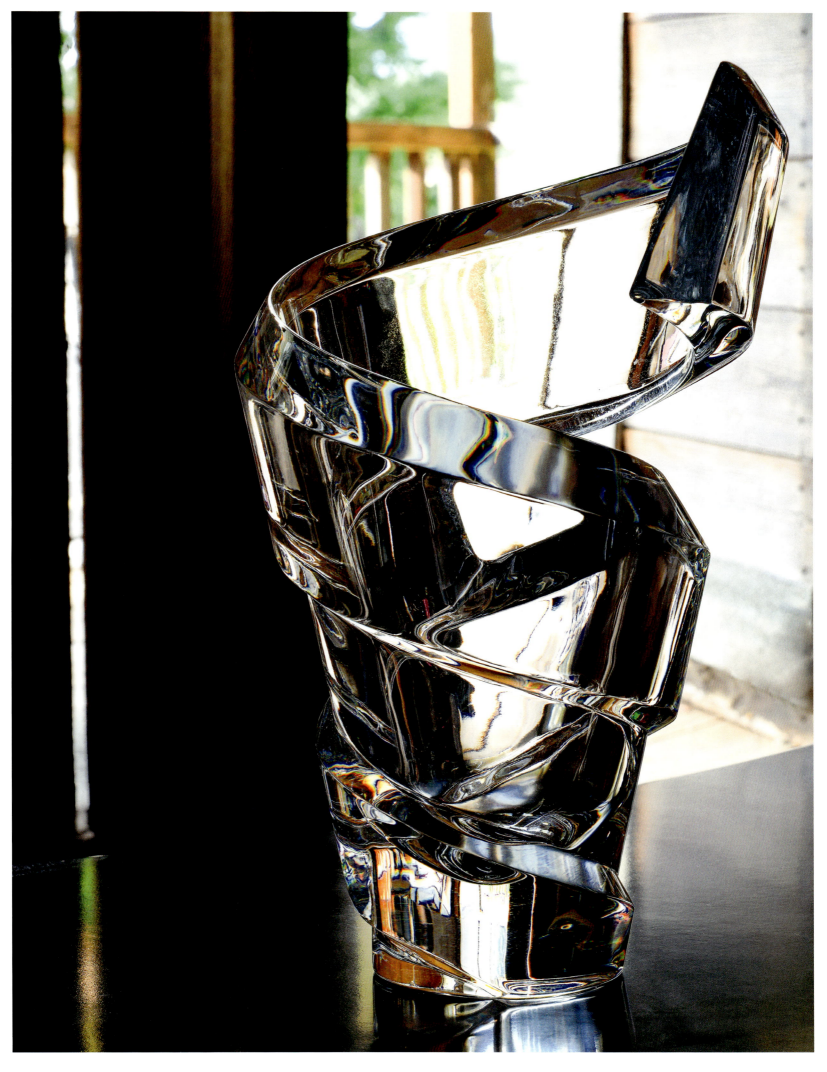

Spirale

Baccarat | 1996-2001

Existant en plusieurs tailles,
ce vase en cristal reproduit l'idée
d'un mouvement d'eau tournoyant
dans l'espace.
Available in several sizes, this crystal
vase reproduces the idea of water
swirling in space.

Spirale

Baccarat | 2014

Soliflore et vases en cristal.
Crystal vases, including single-stem.

Spirale

Baccarat | 1992

Avant-projets de centre de table
et vide-poche.
Preliminary designs for table
centerpieces and pocket-trays.

Gold Berry

Odiot | 2005

Réalisée en argent massif et vermeil, cette collection de haute orfèvrerie comprend un flambeau, un lampion, une coupe à fruits et une coupelle.
Made of solid silver and vermeil, this fine goldsmith's collection includes a flambeau, a lantern, a fruit bowl, and a dish.

Java

Peugeot | 2004

Moulins à poivre et à sel en méthacrylate. Ici, le mouvement en spirale reproduit la gestuelle d'utilisation.
Pepper and salt mills in methacrylate. The mills' spiral echoes the gesture of grinding.

Des forêts

Baccarat | 1999

Sapin de Noël en cristal.
Crystal Christmas tree.

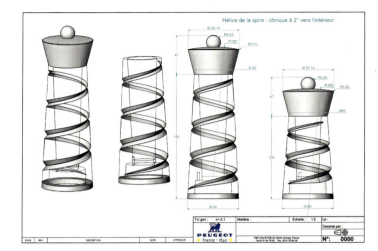

Bora Bora
Baccarat | 1995

Objet décoratif
en cristal.
Decorative object
in crystal.

Nautilus
Baccarat | 1994

Pendentifs en cristal
de différentes couleurs.
Crystal pendants
in various colors.

Nautile
Baccarat | 1990

Objet décoratif
en cristal.
Decorative object
in crystal.

Nautile

Baccarat | 1990

La coquille spiralée du nautile, animal mystérieux, a inspiré de nombreux objets à Thomas Bastide : notamment un flacon plat, des gobelets, des verres à vodka et des flûtes à champagne en cristal.
The spiral shell of the nautilus, a mysterious animal, has inspired a number of objects by Thomas Bastide, including a flat flask, goblets, vodka glasses and champagne flutes in crystal.

Wave

Baccarat | 2000-2003

Vase en cristal et nombreuses maquettes préliminaires en plâtre ou carton. Le mouvement de l'infini se déploie à l'intérieur de l'objet.
Crystal vase with numerous preliminary models in plaster or cardboard. There unfolds within the object an infinite movement.

Wave

Baccarat | 2003

Gobelet en cristal appartenant à un service de bar.
A crystal goblet belonging to a bar service.

Wave
Baccarat | 1992

Avant-projet d'un service de bar.
Preliminary designs for the Wave
bar service.

Wind, Double Wind
Baccarat | 2022

Études de vases inspirés des
mouvements du vent.
Studies of vases inspired
by the rush of the wind.

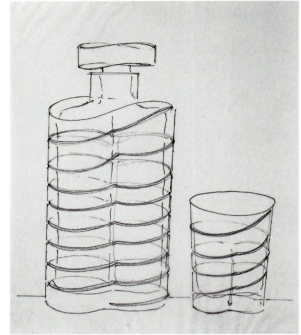

Tornado
Baccarat | 2000

Vase en cristal.
Crystal vase.

Objectif
Baccarat | 1999

Vase et coupe en cristal inspirés des objectifs des appareils photo reflex.
Crystal vase and bowl inspired by the SLR camera lens.

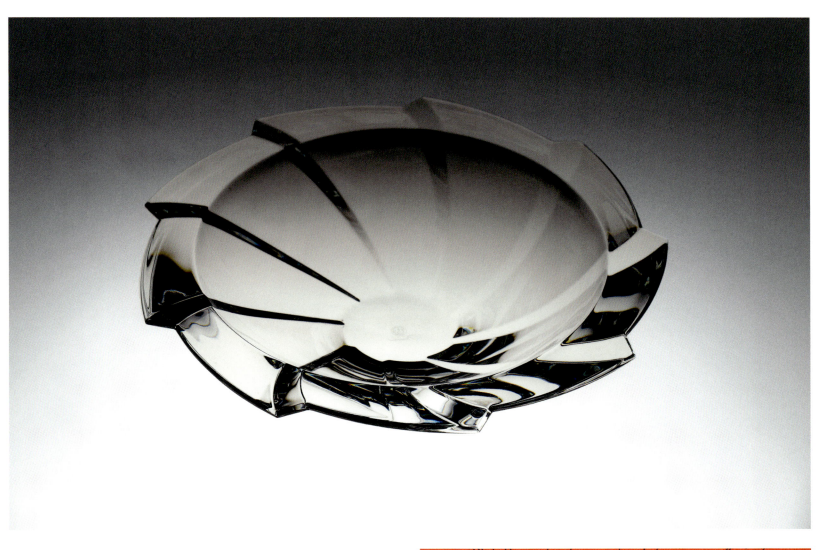

Oak's Roots
Baccarat | 1998

Vase Tornado sculpté au jet de sable et au burin par Thomas Bastide en hommage au verrier Aristide Colotte.
Tornado vase sandblasted and chiseled by Thomas Bastide in homage to glassmaker Aristide Colotte.

Spiral of Water
Baccarat | 1998-2008

Vase spirale sculpté au jet de sable et à l'acide par Thomas Bastide dans l'atelier du sculpteur-sableur Gilles Chabrier.
Spiral vase carved using sand-blaster and acid by Thomas Bastide in the studio of sculptor and sandblast artist Gilles Chabrier.

Optique
Optics

L'optique se prête à bien des jeux de suggestion et d'illusion. Comme souvent, Thomas Bastide a détourné cette science physique pour développer avec originalité un langage formel, en quelque sorte une « nouvelle optique », en rupture avec l'esthétique surannée des grandes manufactures françaises du début des années 1980.

Optics are ideally suited to games of allusion and illusion. As is often the case, Thomas Bastide has subverted this physical science so as to develop an original formal idiom, a kind of "new optics" that breaks with the outdated aesthetics of the leading French manufacturers of the early 1980s.

Zoom
Baccarat | 2000
Détail du flacon Detail of the bottle

Ainsi, le verre Orion (l'une de ses premières créations pour Baccarat, en 1987) révèle des effets de loupe à travers la taille de quatre pontils – très novatrice pour l'époque –, qui magnifie la clarté et la pureté du cristal. Réfléchissement et sensation d'infini caractérisent aussi la carafe Ellipse, dessinée en 2004 pour la maison Hennessy. Sur ses contours, sept loupes en creux, tels des hublots de cristal, invitent à pénétrer symboliquement dans l'univers du cognac, à apprécier ses différentes teintes ambrées selon la luminosité et l'angle de l'objet.

Ces effets d'optique sont d'une grande sensualité, ils décuplent les sens. Aussi, le designer a abordé le flaconnage pour la parfumerie selon ce même prisme esthétique. Par exemple, pour la fragrance My Queen du couturier Alexander McQueen, il a imaginé en 2005 une amphore stylisée dont le relief facetté en verre doublé incolore et violet transporte dans une autre dimension, proche de la synesthésie.

Cette réalité vibrante et sublimée met ici en lumière la vaste éducation artistique et les différentes sources d'inspiration de Thomas Bastide, depuis les maîtres de la Renaissance flamande – qui eurent largement recours aux miroirs et lentilles – jusqu'aux précurseurs de l'Optical art, dans les années 1960, tels Victor Vasarely ou Jesús-Rafael Soto. Comme eux, Thomas Bastide a exploré les effets de rétrécissement, de superposition et de duplication des lignes. Réalisée en 2006 pour la maison Berger, la lampe Rat en est un bel exemple : le réceptacle en cristal (Baccarat) de forme oblongue, scandé sur deux faces de stries parallèles, enserre une fiole ovale en étain doré (Orfèvrerie d'Anjou), qui semble se distendre et se mouvoir dans une totale abstraction. Le contraste est d'autant plus fort que le brûleur est surmonté d'un petit rat en étain doré et cristal de Swarovski très naturaliste. L'optique est aussi un point de vue, et Thomas Bastide a parfois choisi de l'aborder avec humour !

For example, in the Orion glass (one of his earliest creations for Baccarat in 1987) the then very innovative cut suing four pontils favored magnifying effects that exalt the clarity and purity of the crystal. Reflection and a sense of the infinite also characterize the Ellipse decanter, designed for Hennessy in 2004. Redolent of crystal portholes, the seven concave disks along its sides symbolically draw you into the world of cognac, enhancing an amber shimmer that varies in the light and with the angle the carafe is held at. Deliciously sensual, such optical effects sharpen the senses. Perfume bottle design is viewed through the same aesthetic prism. For example, in 2005, Bastide conceived a stylized amphora for fashion designer Alexander McQueen's fragrance My Queen, with a faceted plain and violet cased-glass relief that flirts with synesthesia to transport you into another dimension.

This vibrant and uplifting reality exemplifies Thomas Bastide's extraordinary familiarity with art and the diversity of his sources of inspiration, from the masters of the Flemish Renaissance— not averse to using mirrors and lenses—to the precursors of 1960s Op Art, such as Victor Vasarely and Jesús Rafael Soto. In their wake, Thomas Bastide explores the effect of contracting, layering and duplicating lines. Created in 2006 for Berger, the Rat lamp offers a fine instance: its oblong Baccarat crystal case scribed with parallel grooves on two sides encloses an oval gilt-tin flask (Orfèvrerie d'Anjou) that seems to pulsate, gliding through a totally abstract space. The contrast is all the more dramatic since the burner is topped with a tiny and highly naturalistic rat in gilded tin and Swarovski crystal. After all, "optics" also implies a "point of view" to which Thomas Bastide occasionally likes to add a dash of humor!

Ring
Baccarat | 1998
Ce vase magnifie la taille côte creuse horizontale.
This vase emphasizes the hollow horizontal ribs.

Orion

Baccarat | 1987

Vases et seau à champagne
en cristal. Plateau en ébène
et filet d'argent.
Service de bar.
Crystal vases and champagne bucket.
Ebony top with silver filet.
Bar service.

Ellipse

Hennessy | 2002

Cette carafe en cristal Baccarat fut spécialement réalisée pour contenir un assemblage unique.
This Baccarat crystal decanter was specially designed to hold a unique blend.

CARAFE "ELLIPSE"
Thomas Bastide

« ELLIPSE »
Thomas Bastide
2002

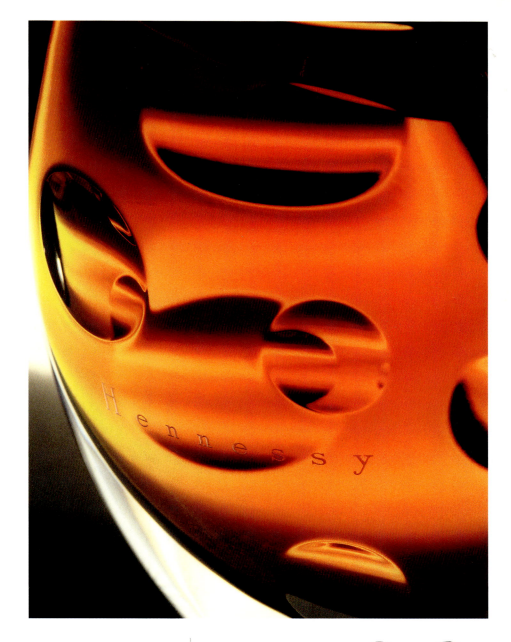

Hennessy

HENNESSY COGNAC

Hennessy
magazine

N°11

Hennessy ellipse
FRUIT PRÉCIEUX D'UNE HISTOIRE RARE

L'histoire commence en 1800. Jean Fillioux, premier Maître de chai de la Maison Hennessy, entre en scène. De Jean à Christophe, puis d'Émile à Maurice, en passant par Alfred et Raymond jusqu'à Yann, sept générations ont enrichi la saga. Ils appartiennent tous à la même famille et se sont transmis leur savoir-faire jusqu'à nos jours. Fruit du travail de cette étonnante lignée, un assemblage unique vient de voir le jour : Hennessy ellipse

SOMMAIRE

PAGE 4/5
VISAGES D'HENNESSY

PAGES 6/7
LE SERVICE RECHERCHE ET CONTRÔLE QUALITÉ

PAGE 8
LES ÉCHOS DE LA RICHONNE

NOUVELLE STRATÉGIE
MERCHANDISING : C'EST PARTI !

UNE CRÉATION BACCARAT

L'IDÉE CRÉATIVE : LA SÉDUCTION

POUR UNE COMMUNICATION
GLOBALE : LA CHARTE GRAPHIQUE

UN PROJET FÉDÉRATEUR

LES DIFFÉRENTS INTERVENANTS

LA "HAUTE COUTURE" DE LA MARQUE

AU ROYAUME DU LUXE

notes
de dégustation

"Des loupes de cristal"
Dessinent en courbes lumineuses
L'univers secret du cognac
Elles se répondent
En huiles délicates
Pour faire danser les teintes nuancées de l'ambre

LES SEPT MAÎTRES DE CHAI
DE LA MAISON HENNESSY

1800-1838	JEAN FILLIOUX
1838-1859	CHRISTOPHE FILLIOUX
1859-1890	ÉMILE FILLIOUX
1890-1941	ALFRED FILLIOUX
1941-1958	RAYMOND FILLIOUX
1958-1991	MAURICE FILLIOUX
Depuis 1991	YANN FILLIOUX

Paroles
de "pros"

Distributeur
de médailles

Arthus Bertrand | 2017-2019

Ce distributeur de médailles a été
installé dans la cathédrale Notre-Dame
de Paris peu de temps avant
le terrible incendie du 15 avril 2019.
Il est aussi présent dans l'église
Saint-Sulpice, à Paris, et dans d'autres
cathédrales de France.
This medal vending machine was
installed at the Cathedral of
Notre-Dame in Paris shortly before
the terrible fire on April 15, 2019.
It can also be found in the Church
of Saint-Sulpice in the capital
and in other cathedrals throughout
France.

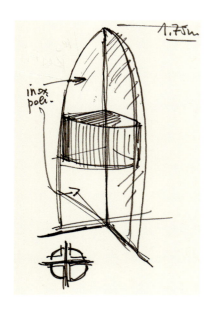

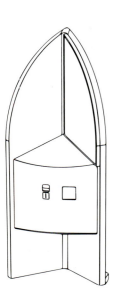
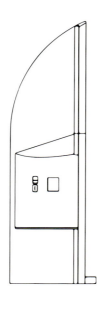

MyQueen
Alexander McQueen | 2005

Flacon à parfum, tel un talisman,
de verre clair et violet.
Perfume bottle, like a talisman
in clear and violet glass.

Projection

Baccarat | 1995

Étude de vases en cristal clair
et cristal bleu, ou décor millefiori.
Study of vases in clear crystal
and blue crystal, or with a millefiori
decor.

Équinoxe

Baccarat | 1999

Services de verres et assiettes,
et service de bar. L'inspiration fut
une carafe à aquavit scandinave
ayant appartenu au grand-père de
Thomas Bastide.
Glass and plate sets, and bar service.
The inspiration was a Scandinavian
aquavit decanter that once belonged
to Thomas Bastide's grandfather.

Le Rat
Lampe Berger | 2006

Cette lampe Berger, réalisée pour l'année chinoise du rat, très précieuse, associe du cristal (Baccarat), du vermeil (Orfèvrerie d'Anjou) et du strass (Swarovski). This precious Berger lamp, created for the Chinese Year of the Rat, unites Baccarat crystal, vermeil (Orfèvrerie d'Anjou) and Swarovski rhinestone.

Illusion
Baccarat | 1989

Avant-projet de cendrier vide-poche. Preliminary design for a pocket tray-cum-ashtray.

Service de bar

Chrome Hearts | 2018

Service de bar en cristal (Baccarat).
Ces créations sont le fruit d'une
rencontre passionnante avec
Chrome Hearts, marque californienne
de lifestyle, et son fondateur,
Richard Stark.
Crystal bar service (Baccarat).
These creations are the result
of a stimulating encounter between
the designer and Chrome Hearts,
a California lifestyle brand, and its
founder, Richard Stark.

Harmonie/Clown

Baccarat | 1995

Avant-projet de verre/gobelet
à *ice tea* en cristal.
Preliminary design for a crystal
ice-tea cup/glass.

Géode

Baccarat | 2011

Ce vase présente trois effets
d'optique, grâce à la superposition
de trois formes (sphère, pontil
et évidée).
In this vase the superposition
of three forms (sphere, hollow,
and pontil work) creates three
different optical effects.

Zoom

Baccarat | 2000

Flacon et gobelet présentant
une taille diamant carré.
Bottle and tumbler featuring
a square diamond cut.

900 engloutie
Sculpture | 1998

Sculpture exposée chez Saab Rive
Gauche. Verre optique sculpté au jet
de sable et à la scie diamantée.
Voiture fétiche de Thomas Bastide,
cette Saab 900 en plomb fondu
donne l'illusion de s'enfoncer dans
le bloc de verre.
Sculpture exhibited at Saab Rive
Gauche. Optical glass sculpted with
a sandblast and diamond saw.
This Saab 900 (Thomas Bastide's
favorite car) in molten lead looks
as if it's being swallowed up by the
block of glass.

Chercheur d'or
Sculpture | 1999

Verre optique sculpté au jet de sable
et à la scie diamantée, rehaussé
de feuilles d'or. La petite bille verte
est la signature artistique de Thomas
Bastide.
Sculpture ("Gold digger"). Optical
glass worked with sandblaster
and carved with diamond saw;
adorned with gold leaf. The tiny green
marble is Thomas Bastide's artistic
signature.

222

Mécanique
Mechanics

« L'écrou à six faces, par sa simplicité et sa logique, m'a toujours attiré, déclare Thomas Bastide. En miniature sur un boîtier de montre ou géant sur un pont suspendu, il est là pour réunir deux éléments et les rendre par conséquent démontables. J'en ai petit à petit oublié sa fonction pour ne garder que la beauté de sa forme... »

"I have always found the simplicity and logic of the six-sided nut attractive", says Thomas Bastide. "From a miniature one in a watchcase to a gigantic one on a suspension bridge, they are there to attach two detachable components. This function I gradually set aside, keeping only the beauty of its form."

Potemkine
Baccarat | 1987
Détail du verre, avant-projet du verre Orsay
Detail of the glass,
preliminary design for the Orsay glass

Le musée des Arts et Métiers, à Paris, est depuis longtemps un lieu de visite privilégié pour Thomas Bastide, et notamment les collections consacrées à la mécanique, ainsi que toutes les machines essentielles à la recherche et aux innovations. Enfant déjà, le futur créateur avait une fascination profonde pour les engrenages, les rouages, les roulements, les vérins. Sans parler déjà d'esthétique, il y voyait de possibles motifs. Voici la genèse de nombreuses œuvres de Thomas Bastide, dont le verre Orsay dessiné en 1988 pour Baccarat. Son pied en gradins figure un empilement stylisé de plusieurs écrous, tout en suggérant l'élégance intemporelle du style Art déco.

Pour la même manufacture, le designer imagine deux ans plus tard la coupe Oxygène, en cristal soufflé, posée sur quatre bras crantés réunis par un astucieux assemblage tenon-mortaise et un système de vis totalement invisible. Cette pièce spectaculaire, telle une machine futuriste, annonce un modèle encore plus radical, la coupe Modern Time, datée de 1995. La représentation de rouages sur le support y est explicite et contraste avec la coupe elle-même, sobrement rectangulaire. Thomas Bastide est parvenu à concilier sa passion pour la mécanique avec le respect d'un répertoire classique, propre au patrimoine de Baccarat. L'œuvre exprime aussi, à la manière de la vis sans fin d'Archimède, le mouvement perpétuel dans lequel s'inscrit le processus créatif.

Rebondir constamment d'une idée à l'autre appartient au quotidien de ce fan de vitesse et de motos. Et peu importe le moment, le lieu, le support. En 1990, une roue dentée trouvée à l'état d'épave dans un port de Dinard, en Bretagne, lui inspire la sculpture Grande Tension nerveuse : telle une lame de fond crantée, cette pièce magistrale en cristal clair et bleu cobalt, réalisée à seulement 25 exemplaires, frappe encore aujourd'hui les esprits.

Du design d'objets ou de meubles à la sculpture ou à la peinture, c'est ainsi que, depuis quarante ans, Thomas Bastide active la mécanique de son imaginaire !

The Musée des Arts et Métiers in Paris has long been a favorite haunt of Thomas Bastide's, especially the collections devoted to mechanics and all the machines essential to research and innovation. Even as a child, the designer to-be was fascinated by gears, cogs, bearings and cylinders. Without yet speaking of aesthetics, in them he already saw potential motifs.

Here lies the inspiration for many works by Thomas Bastide, including the Orsay glass designed for Baccarat in 1988. Its stepped foot is a stylized stack of several such nuts, suggesting the timeless elegance of the Art Deco style.

Two years later and for the same manufacturer, the designer created the Oxygène blown crystal cup set on four notched arms cleverly fixed by mortise and tenon and an entirely invisible system of screws. Like a futuristic machine, this spectacular piece heralded an even more radical model, the Modern Time cup, dated 1995. The representation of cogs on the base is explicit, contrasting with the sober rectangular cup itself. Thomas Bastide here succeeds in reconciling his passion for mechanisms with a respect for the classical repertoire integral to the Baccarat heritage. In the manner of Archimedes' endless screw, the piece also exemplifies the perpetual motion that underpins the creative process.

Constantly leaping from one idea to the next is part of daily life for this speed merchant and motorcycle fan. Time, place and support are immaterial. In 1990, a wrecked cogwheel found portside in Dinard, Brittany, inspired him to create the masterful sculpture Tension Nerveuse: surging like groundswell, this serrated wave of clear and cobalt blue crystal, produced in only 25 copies, still strikes the imagination today.

From object and furniture design to sculpture and painting, Thomas Bastide has been activating the mechanics of his imagination for forty years!

Oxygène
Baccarat | 1990
Détail du vase Detail of the vase

Oxygène

Baccarat | 1990–1991

Dessins et maquettes pour la coupe et le vase en cristal de la collection Oxygène.
Drawings and models for the crystal bowl and vase from the Oxygène collection.

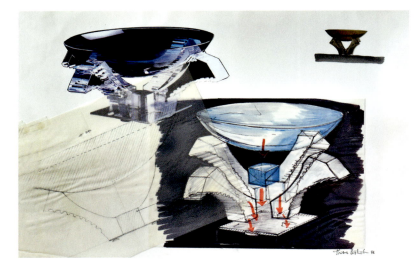

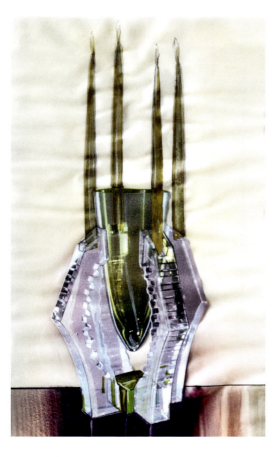

Oxygène
Baccarat | 1994

Dessins préparatoires et service de verres, carafes et bougeoirs en cristal.
Preparatory drawings and crystal glass service, carafes, and candlesticks.

Potemkine
Baccarat | 1987

Avant-projet du verre Orsay.
Preliminary design for the Orsay glass.

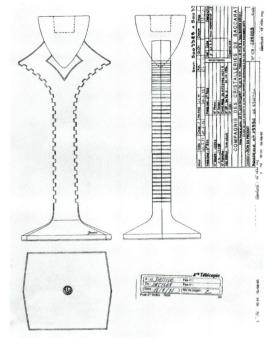

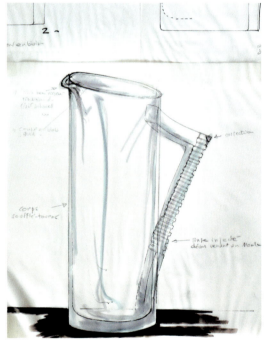

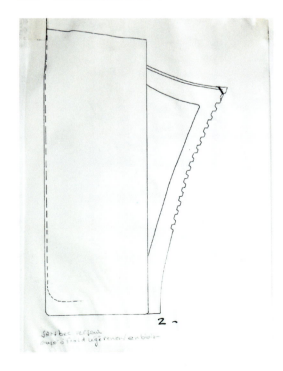

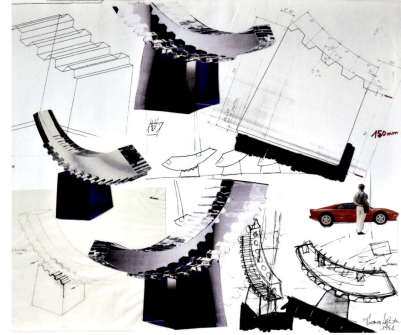

« Depuis nos premiers échanges, au début des années 1980, j'ai pu partager avec Thomas Bastide bien des secrets de fabrication du cristal, tant il se passionne pour les savoir-faire, les gestes, les outils... Nous nous sommes souvent retrouvés dans les ateliers, à Baccarat, pour transformer ses modèles en plâtre en créations d'exception. »

"Since we first made contact in the early 1980s, I have shared many secrets of crystal-making with Thomas Bastide, who is fascinated by its know-how, its gestures, its tools, etc. We often meet up in Baccarat's workshops where his plaster models are transformed into truly exceptional pieces."

—

Serge Vaneson
Meilleur Ouvrier de France tailleur, Meilleur Ouvrier de France graveur et maître d'art
Winner, Best Craftsman in France (MOF, carver); winner, Best Craftsman in France (MOF, engraver and apprentice master)

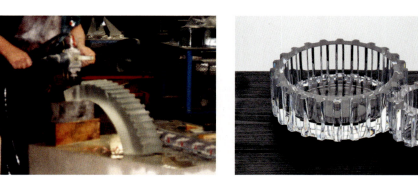

Die Skulptur „Tension" - Spannung - des Designers Thomas Bastide gibt es weltweit nur 25 Mal. Die Position des weißen Kristalls läßt sich auf dem tiefblauen Sockel beliebig verändern. Werkfotos: Baccarat, Frankreich/Frankfurt

VISIONEN IN KRISTALL

Als Sohn einer Künstlerfamilie aus Biarritz – seine schwedische Mutter ist Malerin, sein Vater Schriftsteller – hatte Thomas Bastide schon als Junge den Wunsch, künstlerisch zu arbeiten. Seine Wahl fiel auf den Werkstoff Kristall.

Nach Abschluß seines Grafik- und Industriedesignstudiums 1982 arbeitete der heute 38jährige zwei Jahre lang bei dem französischen Industriedesigner Raymond Loewy, von dem er lernte, Form und Funktion zu kombinieren. Auf dieser Basis wechselte er zu dem Kristalliner Baccarat. Dort verbrachte er erst einmal ein Jahr bei den Glasbläsern in der Fabrik und lernte von ihnen, mit dem schwierigen Material umzugehen. Nicht selten enden Bastides Visionen in Kristall darin, daß er gemeinsam mit den Kunsthandwerkern neue Techniken entwickelt.

Thomas Bastide hat sich längst einen Namen als Vertreter der futuristischen Linie gemacht. Etwa 80 Prozent aller Neuheiten des Hauses Baccarat gehen auf sein Konto. Seine Ideen holt er sich bei seinen Hobbys, Reisen und Kino. So inspirierte ihn beispielsweise Charly Chaplins Film „Moderne Zeiten" zu seiner neuesten Skulptur „Tension". „Tension", zu deutsch Spannung, vereint die Gegensätze Tag und Nacht,

Dynamik und Ruhe, männlich und weiblich, läßt sie miteinander kommunizieren und spielerisch vereinigen. Bastides Werke sind geprägt von der Bewegung, einem wichtigen Element, das die starre Haltung besiegt.

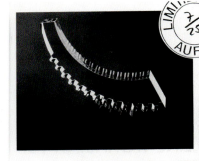

Thomas Bastide

Elegant und nützlich präsentiert sich das Tintenfaß „Saint Exupéry" des französischen Designers Georges Chevalier in einer limitierten Auflage von 300 Stück.

Grande Tension nerveuse

Baccarat | 1990

Cette sculpture, éditée à 25 exemplaires, symbolise la recherche d'équilibre.
Produced in a limited edition of 25, this sculpture symbolizes the search for balance.

Modern Time
Baccarat | 1995

Sculpture éditée à 75 exemplaires.
Symbole du temps qui passe,
mais qui fait aussi du surplace.
Limited to an edition of 75, this
sculpture symbolizes the marking—
as well as the passing—of time.

Orsay
Baccarat | 1988-1989

Verres et carafes en cristal clair
et cristal bleu cobalt.
Glasses and decanters in clear
and cobalt-blue crystal.

Page 236 :

Orsay
Baccarat | 1989

Vases en cristal de couleur.
Colored crystal vases.

Olympie/Orsay
Baccarat | 1988-1989

Bougeoirs et verrines en cristal
clair et couleur.
Candleholders and candle shades
in clear and colored crystal.

Orsay

Baccarat | 1989

Étude en cristal et cuivre réalisée
par l'artiste américain
Michael Glancy sur le vase Orsay.
Study in crystal and copper
by the American artist Michael
Glancy on the Orsay vase.

Peintures

2022-2023

Depuis longtemps, dans le calme de son atelier à la campagne, le designer s'adonne à la peinture. Au moyen d'acrylique, de peinture à l'huile, de pastel gras, de bombe, il explore le thème récurrent de la pollution de l'eau et de la glace.
In the quiet of his country studio, the designer has long devoted himself to painting. Using acrylics, oil paint, oil pastels, or spray paint, he explores the recurrent theme of water and ice pollution.

Le Temps m'est compté/conté

2021-2023

Sculpture associant du verre optique travaillé au jet de sable et une base en acier oxydé.
Sculpture combining sandblasted optical glass and an oxidized steel base.

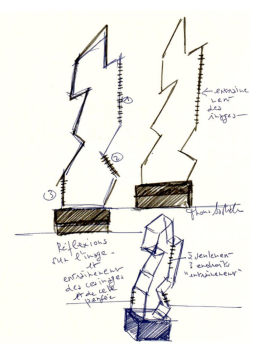

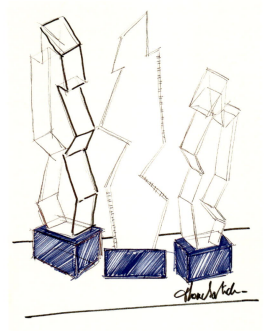

Trophée
Baccarat | 1995

Ce trophée en cristal, conçu
pour le Festival du cinéma américain
de Deauville, évoque l'entraînement
des images et des idées.
This crystal trophy, conceived for
the the Deauville American Film
Festival, conjures interplay between
images and ideas.

Abysse
Baccarat | 2011

Service à caviar et verres à vodka
en cristal.
Caviar service and vodka glasses
in crystal.

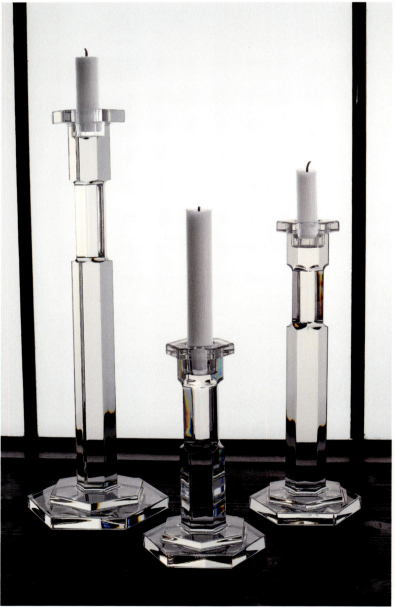

Abysse
Baccarat | 2010-2011

Aux côtés des services de verres, la collection comprend des accessoires de bureau, des bougeoirs et une lampe. Ainsi que des vases en cristal doublé intérieur noir ou rouge.

Alongside glassware sets, the collection includes desk accessories, candlesticks, and a lamp; as well as crystal vases lined in black or red.

Neptune

Baccarat | 1987-1988

Large collection comprenant un centre de table, des verres, un broc, une carafe et des rafraîchissoirs en cristal.

Extensive collection, including crystal centerpiece, glasses, pitcher, carafe, and glass coolers.

Avant-projets
Baccarat | années 1990 1990s

Ces études annoncent la forme
du verre Abysse.
These studies foreshadow the form
of the Abysse glass.

Vaguement vague
Baccarat | années 1990 1990s

Avant-projet en cristal du plumier.
Preliminary design in crystal
for the pen tray.

Cage thoracique
Forge de Laguiole | 2006

Avant-projet en laiton nickelé
et acier forgé.
Preliminary design in nickel-plated
brass and forged steel for the
"Ribcage".

Milan

Baccarat | 1990-1991

Croquis et détails de fabrication de la jardinière en cristal, associée à un vase.
Sketch and manufacturing details of the crystal jardinière, together with a vase.

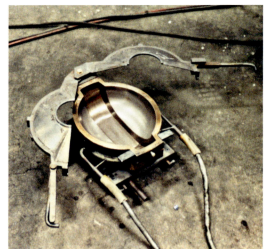

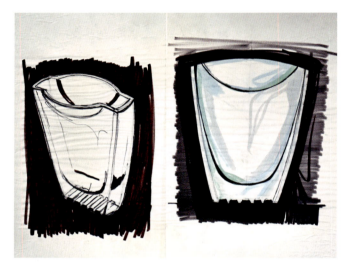

Fluide
Fluidity

Ce terme exprime
très bien la part du travail
empirique réalisé par
Thomas Bastide depuis ses
débuts dans l'univers du
design et, plus largement,
de sa création artistique.

The word perfectly
captures the importance
of a hands-on approach
for Thomas Bastide, from his
first steps in the world
of design and for his artistic
work more generally.

Océanie
Baccarat | 1994-1995
Détail de la jardinière Detail of the jardinière

Fluides : tels sont son exploration du monde sensible et son besoin – presque physiologique – d'expérimenter sans cesse, en synergie avec la matière... celle en fusion, notamment. Il aime évoquer le « cueillage » du cristal, qui consiste à le prélever depuis l'intérieur du four à pot. D'un geste rapide et précis, le verrier fait virevolter dans l'air la matière visqueuse (chauffée à plus de 1 000 °C) au bout d'une longue canne creuse métallique. Une goutte apparaît, à la fois fluide et si dense. En 1988, elle a inspiré au designer l'un de ses vases signatures pour Baccarat : *Neptune*. Constituée d'une goutte qui aurait été enchâssée dans une seconde, la pièce est aplatie sur deux faces, rappelant la fameuse côte plate si emblématique du style de la Manufacture. Cinq ans plus tard, le vase *Océanie* propose avec le même succès une évolution de cette forme, qui rompt définitivement avec le vase rond classique. Délié, son mouvement en vague emporte tout.

Une nouvelle esthétique est née dans l'imaginaire de Thomas Bastide autour de lignes galbées, à l'image du flacon à cognac *Timeless*, dessiné pour la Maison Hennessy en l'an 2000. La fluidité y est accentuée par l'inclinaison de l'objet, symbolisant le glissement de la matière en fusion. Cette dynamique peut aussi s'exprimer par de légères torsions et asymétries, que l'on retrouve sur les coupes, cuillères, verres à shot et sur la carafe polygonaux du nécessaire à caviar et vodka *Ikra ICE*, fabriqués par la célèbre maison autrichienne Wiener Silber Manufactur (2013). Les reflets de l'argent massif confèrent de la légèreté aux créations, des scintillements proches de ceux de l'eau.

Gouttes d'eau, de cristal, de métal... Thomas Bastide réinterprète à sa façon la dynamique des fluides. Ainsi, pour l'éditeur portugais Flam&Luce, il signe en 2024 la lampe *Eureka*, audacieuse goutte de lumière composée de tissu, calque et passementerie... *Fiat lux !*

Fluid also describes his explorations of the sensory world and his (almost physiological) need to constantly experiment, though always in synergy with his materials ... and especially with those that liquefy! He often refers to the stage of "gathering" the crystal—that is, when it is extracted from the pot or crucible. Quickly but with care, the glassmaker takes up the viscous material heated to more than 1000°C (1800F°) at the end of a long metal tube (the blow-rod) and twirls it in the air until a fluid yet dense "bubble" appears. In 1988 it was this form that inspired the designer to create one of his signature vases for Baccarat: *Neptune*. Consisting of one bubble inset into another, the piece is flattened on two sides, thus recalling the famous flat ribs that are a stylistic hallmark of the Manufacture. Five years later an equally successful example, *Océanie*, evidenced further evolution, heralding a definitive break with the classic round shape of the vase. Unfolding like a wave, it seems to envelop all before it.

Thus, in Thomas Bastide's imagination, a new aesthetic is born based on swelling lines, such as the *Timeless* cognac bottle he designed for Hennessy in 2000. Leaning to one side on its base, it at once accentuates the sense of fluidity and symbolizes the flow of glass in fusion. The same dynamic may also be expressed by twists or slight asymmetries, as found on the bowls, spoons, shot glasses and polygonal decanter comprising the *Ikra ICE* caviar and vodka set manufactured by the famous Austrian firm of Wiener Silber Manufactur (2013). Sparkling like water, the reflections darting over solid silver afford buoyancy to the piece.

Drops of water, of crystal, of metal.... With each, Thomas Bastide proposes a unique interpretation of fluid dynamics. Out of textile, tracing paper and fabric trimmings, in 2023, he designed a lamp called *Eureka* for the Portuguese producer Flam&Luce, which coalesces into an audacious droplet of light.... *Fiat lux !*

Pacifique
Baccarat | 2011
Vase en cristal clair doublé intérieur rouge.
Clear crystal vase with red inner lining.

Océanie

Baccarat | 1993-1994

Différentes recherches autour de ce modèle de vase. La canne amovible a été imaginée pour caler les fleurs à la manière d'un bouquet ikebana.
Various research avenues around this vase model. The removable cane was designed to hold flowers in an ikebana style.

La collection Océanie comprend également un service de bar (1995). Vases en cristal rouge et bleu cobalt, canne millefiori et vitrail (1993).
The Océanie collection also includes a bar service (1995). Red and cobalt-blue crystal vases, millefiori cane and stained glass (1993).

Jardinière Océanie en cristal clair avec sa canne à décor vitrail.
Océanie jardinière in clear crystal with its stained-glass cane.

« Thomas Bastide est une personnalité originale et un artiste singulier. Épris de vitesse, motard accompli, il a à jamais associé son nom et son talent au cristal, matière la plus fragile qui soit ! Il est très influencé par ses passions, telle la mécanique, et peut dessiner simultanément des formes rondes et sensuelles, à l'image des célèbres vases Océanie et Colline. »

"Thomas Bastide is an original personality and an intriguing artist. A speed merchant and an inveterate biker, he has forever associated his name and talent with crystal, that most fragile of materials! His passions—such as mechanics—exert a strong influence on him but he is also able to design full, sensual forms, such as the famous Océanie and Colline vases."

—

Thierry Oriez
Directeur général adjoint (1995-2007) de Baccarat
Deputy General Manager (1995–2007) of Baccarat

Neptune

Baccarat | 1987-1988

Vases de trois formes
et dimensions différentes.
Three different shapes
and sizes of vase.

Neptune
Baccarat | 1987-1989

Vases en cristal clair doublé de cristal opale blanc ou noir.
Le modèle a remporté le prix du design à Dallas (États-Unis) en 1988.
Vases in clear crystal lined with white or black opal glass.
This model won the design award in Dallas (USA) in 1988.

Jardinière en cristal clair (1987).
Jardinière in clear crystal (1987).

Service de verres à jambe triangulaire (1987).
Set of glasses with triangular feet (1987).

Galet

Baccarat | 2001

Le motif du galet a été décliné
à travers plusieurs bijoux en cristal
clair et coloré. Thomas Bastide
a également choisi d'y associer par
endroits des graines de lauboung,
de la turquoise et de l'argent.
The "pebble" motif has been applied
to several pieces of jewelry in
clear and colored crystal. In places,
Thomas Bastide also chose
to combine grains of lauboung,
turquoise and silver.

Ikra Ice

Wiener Silber Manufactur | 2013

Objet précieux, ce nécessaire
à caviar et vodka a été réalisé en
argent massif et vermeil dans
les ateliers de la manufacture
autrichienne, qui date de 1882.
This precious caviar and vodka set
was made in solid silver and vermeil
in the workshops of the Austrian
manufacturer that dates back to 1882.

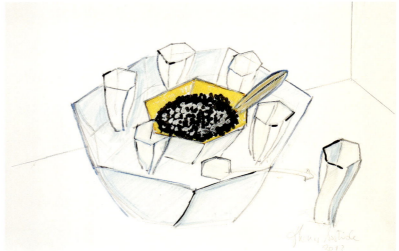
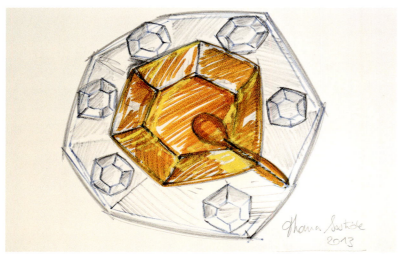
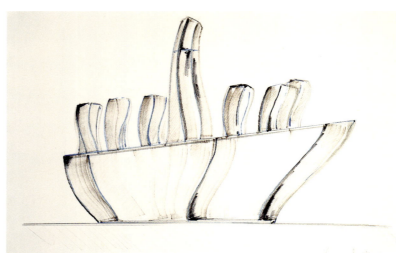

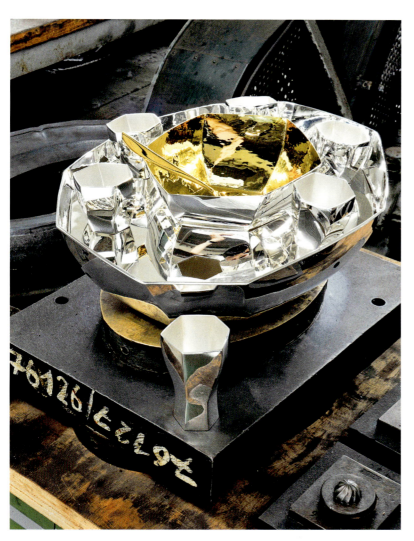

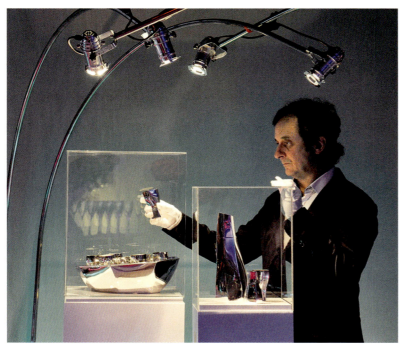

Drop

Forge de Laguiole | 2006

Avant-projet, couverts en acier
et argent massif.
Preliminary design, cutlery in steel
and solid silver.

Boris

Flam&Luce | 2015

Cette lampe se décline en 1, 2 ou 5
modules. À la fois sobre et élégante,
elle associe céramique émaillée
et bois laqué.
This lamp is available in 1, 2 or 5
modules. Both sober and elegant,
it combines glazed ceramic and
lacquered wood.

Bouchon goutte de cognac

Hennessy | édition limitée
pour VS et Fine de Cognac | 2006
Hennessy, limited edition
for VS and Fine de Cognac | 2006

Seau à glace pour le cognac VS
Ice bucket for VS cognac

Hennessy | 2004

Verres et seau à glace X.O
Glasses and ice bucket for X.O cognac

Hennessy | 2002

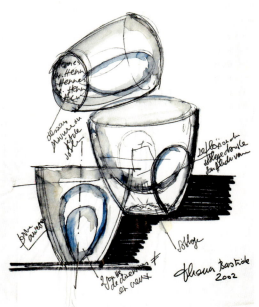

Les usines, les ateliers, l'outillage et les techniques de fabrication fascinent Thomas Bastide depuis toujours. Il y puise de nombreuses idées et ne se lasse pas de dialoguer avec les artisans, qu'ils soient orfèvres, ébénistes ou verriers, comme ici, à la Verrerie de Vianne.

Thomas Bastide has long been fascinated by factories and workshops, and by manufacturing tools and techniques. They have been a source of countless ideas and he never tires of chatting to craftsmen, from goldsmiths and cabinetmakers, to glassmakers, as here at the Verrerie de Vianne.

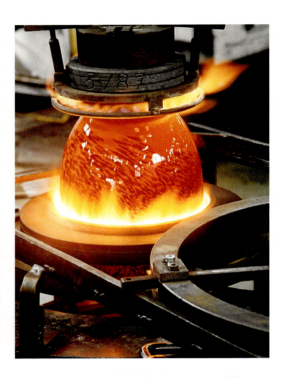

Nirvana

Verrerie de Vianne
groisil de Baccarat | 2003
Vianne glassworks,
groisil by Baccarat | 2003

Applique Amour et lustre Piment.
Amour wall-lamp and Piment
suspension light, with decorative
cullet.

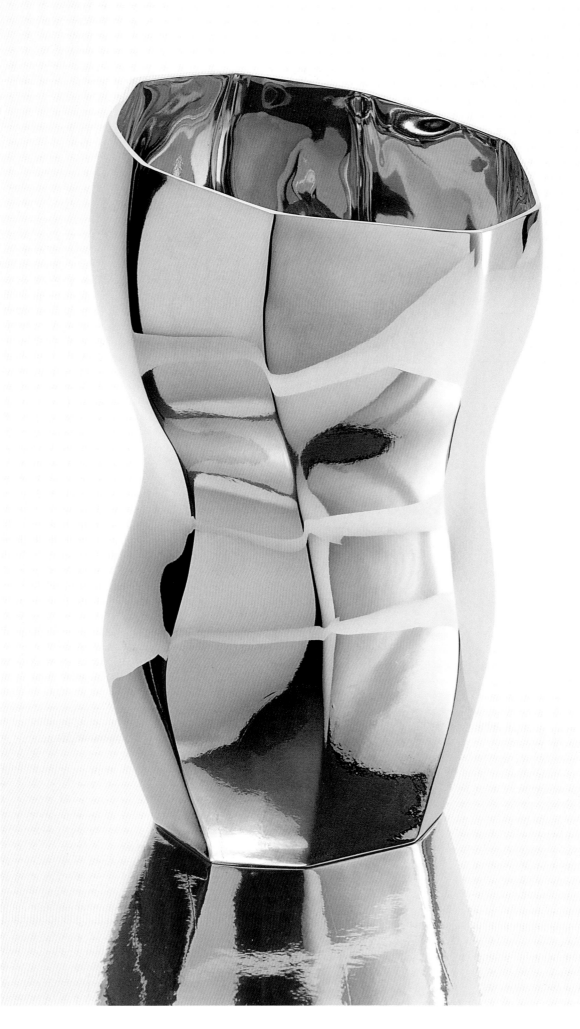

Fluide
Convergences | 2008

Bougeoirs et vase
en étain poli.
Polished pewter candlesticks
and vase.

Coulée bleue

Baccarat | années 1990

Différents essais techniques et
avant-projets de bougeoirs en cristal.
Various technical trials
and preliminary designs for crystal
candlesticks.

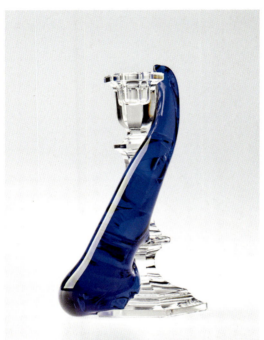

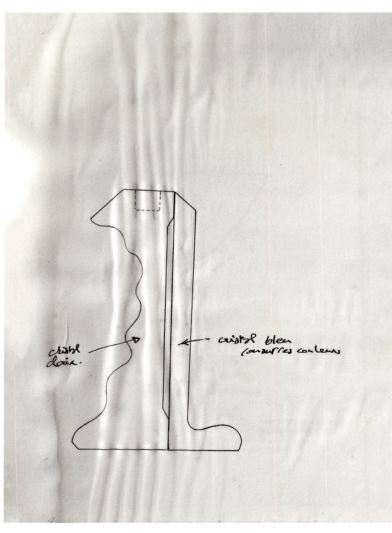
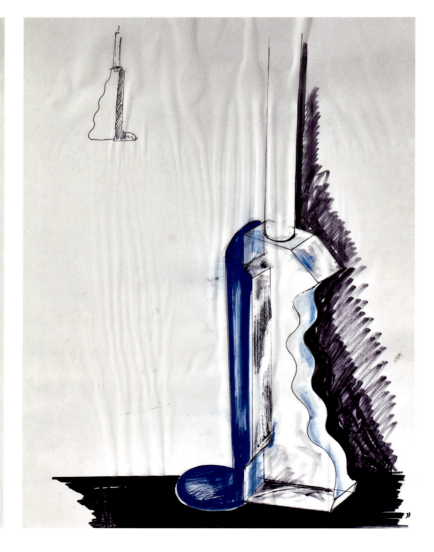

Liberté à l'infini
Baccarat | 1989

Réalisée pour la commémoration du bicentenaire de la Révolution française, cette pièce associe de manière stylisée un oiseau et un poisson. La liberté n'étant jamais sur terre mais seulement dans l'air ou dans l'eau, selon le designer.
Created to commemorate the Bicentenary of the French Revolution, this piece is a stylized bird/fish hybrid. As the designer puts it, freedom never to be found on earth, but only in the air or in water.

Boxer, Poire
Baccarat | 1986, 1989

Deux profils élégants, Thomas Bastide affectionnant autant cet animal que le fruit.
Two elegant profiles: Thomas Bastide is as fond of the animal as he is of the fruit.

Timeless

Hennessy | 2000

Cette carafe (cristal de Baccarat)
a été éditée à 2000 exemplaires pour
l'an 2000. Elle a été exposée dans
le musée Hennessy, à Cognac.
This decanter (Baccarat crystal) was
produced in a limited edition
of 2000 for the year 2000. It was
exhibited in the Hennessy Museum
in Cognac.

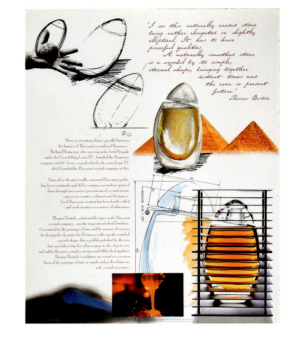

Eureka

Flam&Luce | 2023-2024

Suspension associant des feuilles légères de méthacrylate blanc et de rhodoïd rouge, gansées de passementerie.
Suspension lamp combining lightweight sheets of white methacrylate and red rhodoid (cellulose acetate), with fabric trimmings.

 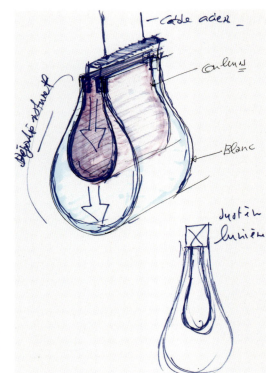

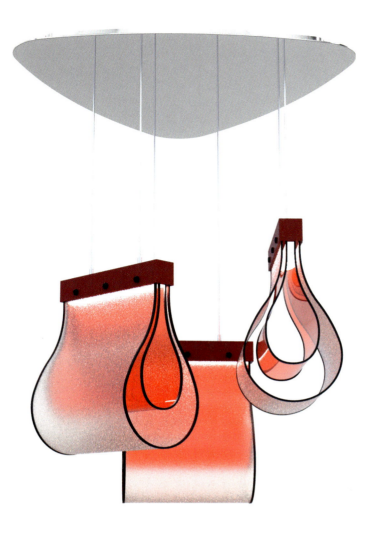

Côte d'Émeraude
1991

Biarritz
1990

Baltique
1995

Lagune
(détail) 1992

Sculptures sur le thème des univers marins, composées de verre optique, de cristal, de béton et d'acier.
Marine-themed sculptures in optical glass, crystal, concrete and steel.

Remerciements

Thomas Bastide tient à remercier très chaleureusement :
tous ses clients et partenaires, qui partagent avec lui
l'amour des belles choses, exprimé dans leurs témoignages,
tous les ouvriers et collaborateurs qui, depuis plus
de quarante ans, fabriquent et diffusent avec tant de soin,
d'ingéniosité et de passion ses créations.

Laure Verchère pour son écoute et sa plume,
Léo Grunstein pour son regard et sa sensibilité,
Henri Julien, Laetitia Réal-Moretto et Emmanuelle Rolland,
pour leur accompagnement et leur bienveillance.

Ce livre n'aurait jamais existé sans l'œil de la photographe
Jo Pesendorfer.

Thomas Bastide remercie les groupes Roger Truan,
Alcasté, Moevus et Alain Saint-Joanis pour leur soutien
à la publication.

Acknowledgments

Thomas Bastide would like to extend his warmest thanks
to the following:
All his customers and partners, who share with him a love
of beautiful things, as expressed in their testimonials;
All the workers and collaborators who, for over forty years,
have manufactured and distributed his creations with such
care, resourcefulness and passion.

Laure Verchère for her listening ear and her pen;
Léo Grunstein for his vision and sensitivity;
Henri Julien, Laetitia Réal-Moretto and Emmanuelle Rolland,
for their guidance and kindness.

This present volume would never have seen the light of day
without the eye of photographer Jo Pesendorfer.

Thomas Bastide would like to thank the Roger Truan,
Alcasté, Moevus and Alain Saint-Joanis groups for their
gracious support of this book.

Dream
Dacryl | 2023
Lustre extérieur
Chandelier for outdoors

Nautilus
Baccarat | 1990
Carafe Carafe

Abysse
Baccarat | 2010
Verres Glasses

Crédits photographiques

Toutes les photographies sont de Jo Pesendorfer, à l'exception de : Page 9 (villa Christina) : archives Thomas Bastide ; page 10 (Pilchuck Glass school) : archives Michael Glancy ; page 20 (Michel Der Agobian, Cub-Ar) : archives Thomas Bastide ; pages 22-23 : © Michael Von Aulock (www.vonaulock.com) ; page 24 : archives Thomas Bastide ; page 26 : © Convergences ; page 58 (2 photos) : archives Thomas Bastide ; page 70 : © Monnaie de Paris ; page 93 (en haut à gauche) : © Baccarat ; page 97 (en haut gauche et droite) : © Baccarat ; page 101 : archives Thomas Bastide ; pages 102-107 : © Starbay (pour les produits) / Thomas Bastide (photos usine) ; pages 128-129 : © Bleu Nature ; page 137 (stèle Empreinte) : © Baccarat ; page 138 : © Baccarat ; page 139 : © Baccarat ; pages 146-147 : © Baccarat (sauf croix Guet-apens et Occitane blanche) ; page 151 : archives Thomas Bastide ; page 168 : © Baccarat ; page 176 (photo enfant) : archives Thomas Bastide ; page 191 (pub) : © Baccarat ; page 192 (en bas) : © Baccarat ; page 209 (journal) : Hennessy ; page 228 : © Baccarat ; page 232 (5 photos) : archives Thomas Bastide ; page 233 : © Baccarat ; page 234 : © Baccarat ; page 235 : © Baccarat ; page 236 : © Baccarat ; page 245 (bol à caviar) : © Baccarat ; page 248 : archives Thomas Bastide ; page 260 : archives Thomas Bastide ; page 262 (collier et bague Galet rouge) : © Baccarat ; page 278 : © Baccarat ; page 280 : archives Thomas Bastide.

Photo credits

All photographs by Jo Pesendorfer, except: Page 9 (villa Christina): Thomas Bastide archives; page 10 (Pilchuck Glass school): Michael Glancy archives; page 20 (Michel Der Agobian, Cub-Ar): Thomas Bastide archives; pages 22–23: ©Michael Von Aulock (www.vonaulock.com); page 24: Thomas Bastide archives; page 26: © Convergences; page 58 (2 photos): Thomas Bastide archives; page 70: © Monnaie de Paris; page 93 (top left): © Baccarat; page 97 (top left and right): © Baccarat; page 101: Thomas Bastide archives; pages 102–7: © Starbay (for the products) / Thomas Bastide (factory photos); pages 128–29: © Bleu Nature; page 137 (Empreinte stele): © Baccarat; page 138: © Baccarat; page 139: © Baccarat; pages 146–47: © Baccarat (except Guet-apens cross and Occitane blanche); page 151: Thomas Bastide archives; page 168: © Baccarat; page 176 (photo with child): Thomas Bastide archives; page 191 (ad): © Baccarat; page 192 (bottom): © Baccarat; page 209 (journal): Hennessy; page 228: © Baccarat; page 232 (5 photos): Thomas Bastide archives; page 233: © Baccarat; page 234: © Baccarat; page 235: © Baccarat; page 236: © Baccarat; page 245 (caviar bowl): © Baccarat; page 248: Thomas Bastide archives; page 260: Thomas Bastide archives; page 262 (Galet rouge necklace and ring): © Baccarat; page 278: © Baccarat; page 280: Thomas Bastide archives.

Éditions Flammarion

Directeur des partenariats
Director of Editorial Partnerships
Henri Julien

Responsable de projet
Project Manager
Emmanuelle Rolland

Directrice éditoriale
Editorial Director
Kate Mascaro

Éditrice
Editor
Laetitia Réal-Moretto

Conception graphique et mise en pages
Design and Typesetting
Léo Grunstein

Traduction
Translation from the French
David Radzinowicz

Révision française
French copyediting
Sabine Kuentz

Révision anglaise
English copyediting
Kathie Berger

Photogravure
Color Separation
Les Caméléons, Paris

Fabrication
Production
Élodie Conjat

© Éditions Flammarion, S.A., Paris, 2023

ISBN : 978-2-0804-1601-8
Numéro d'édition : 557865

Achevé d'imprimer par Verona Libri (Italie) en septembre 2023
Printed in Italy by Verona Libri in September 2023

82 Rue Saint-Lazare
CS 10124
75009 Paris
editions.flammarion.com
partenariats@flammarion.fr
@flammarioninternational

23 24 25 3 2 1
Dépôt légal : 10/2023